VIVI IL PRESENTE E METTILO IN PRATICA

Una guida alla comprensione spirituale

INTRODUZIONE

Abbiamo sofferto abbastanza! Anche in questo stesso momento sta
emergendo dentro di te, mentre hai questo libro in mano e leggi queste righe che parlano della possibilità di vivere una vita liberata, in cui non infliggi più a lungo della sofferenza a te stesso e agli altri.
Quando praticate una lettura meditativa, non leggete principalmente per ottenere delle nuove informazioni, ma per entrare, mentre leggete, in uno stato di coscienza differente. Ecco perché potete rileggere lo stesso passaggio molte volte, e ogni volta vi sembra fresco e nuovo.
È meglio leggere questi passaggi lentamente. Molte volte forse vorrete fare una pausa e permettervi un momento di quieta riflessione, o di silenzio. Altre volte, potete forse aprire il libro a caso e leggere poche righe.

PARTE PRIMA

L'ESSENZA

ENTRA NEL POTERE DI ADESSO

Quando la tua consapevolezza è diretta verso l'esterno, sorgono la mente ed il mondo. Quando è diretta verso l'interno, realizza la sua propria fonte e ritorna indietro nel non manifestato.

1. ESSERE E ILLUMINAZIONE

C'è una Unica Vita eterna e onnipresente al di là delle innumerevoli forme di vita che sono soggette a nascita e morte. Molte persone usano la parole Dio per descriverla; io spesso la chiamo il mio Essenza. La parola Essenza non spiega niente, ma d'altronde nemmeno la parola Dio. Essenza, però, ha il vantaggio di essere un concetto aperto. Non riduce l'invisibile infinito a un' entità finita. È impossibile formarsene un'immagine mentale. Nessuno può rivendicare un possesso esclusivo dell'Essenza. È la vostra vera presenza e vi è immediatamente accessibile in quanto sensazione della vostra propria presenza. Per questo vi è soltanto un piccolo passo dalla parola Essenza all' esperienza dell'Essenza.

L'ESSENZA NON È SOLO OLTRE, MA ANCHE PROFONDAMENTE DENTRO ogni forma come la sua più profonda, invisibile e indistruttibile essenza.
Questo significa che è accessibile a voi, Adesso, come il vostro sé più

profondo, come la vostra vera natura. Ma non cercate di afferrarla con
la mente. Non provate a comprenderla. Potete conoscerla solo quando
la mente è tranquilla. Quando siete presenti, quando la vostra attenzione è pienamente e intensamente nell' Adesso, l'Essenza può essere sentita, ma non può mai essere compresa mentalmente.
Riacquistare la consapevolezza della propia Essenza e dimorare in quello stato di «realizzazione intuitiva» è l'illuminazione.
Il termine illuminazione evoca l'idea di qualche impresa sovrumana, e l'ego vuole che resti così, ma è semplicemente il vostro stato naturale di unione con l'Essenza quando viene percepita. È uno stato di connessione con qualcosa di incommensurabile e di indistruttibile, qualcosa che in modo quasi paradossale è essenzialmente voi, eppure è molto più grande di voi. Significa trovare la vostra vera natura al di là del nome e della forma.
L'incapacità di percepire questo stato di connessione dà origine all'illusione della separazione, da voi stessi e dal mondo che vi circonda. Allora percepite voi stessi, consciamente o inconsciamente, come un frammento isolato. Nasce così la paura, e il conflitto interiore ed esteriore diventa la norma.
Il più grande ostacolo a sperimentare la realtà della vostra connessione è l'identificazione con la vostra mente, che fa si che il pensiero diventi compulsivo. Non essere in grado di smettere di pensare è una condizione spaventosa, ma voi non lo realizzate perché quasi tutti ne soffrono, cosicché è considerato normale. Questo incessante rumore mentale vi impedisce di trovare quel regno di quiete interiore che è inseparabile dalla vostra Essenza. Crea inoltre un falso sé mentale che getta un'ombra di paura e sofferenza.

L'identificazione con la vostra mente crea uno schermo opaco di concetti, etichette, immagini, parole, giudizi e definizioni che blocca ogni vero rapporto personale. Si intromette fra voi e voi stessi, tra voi e il vostro compagno o compagna, tra voi e la natura, tra voi e Dio. È questo schermo di pensiero a creare l'illusione di separatezza, l'illusione che vi sia un «tu» e un «altro» totalmente separato. Allora dimenticate il fatto essenziale che, sotto il livello delle apparenze fisiche e delle forme separate, voi siete in unione con tutto ciò che esiste

La mente è uno strumento eccezionale se utilizzata nel modo giusto. Usata nel modo sbagliato, diventa però molto distruttiva. Per essere più precisi, il punto non è tanto che voi utilizzate la mente in modo sbagliato, quanto che non la usate affatto.

È la mente che vi usa.

Questa è la malattia. Voi credete di essere la vostra mente.
Questa è l'illusione. Lo strumento si è impadronito di voi.
È quasi come foste posseduti senza saperlo, per cui scambiate per voi stessi l'entità che vi possiede.

L'INIZIO DELLA LIBERTÀ è la realizzazione che voi non siete l'entità
che vi possiede, colui che pensa. Saperlo vi consente di osservare tale
entità. Nel momento in cui cominciate a osservare colui che pensa, si attiva un più elevato livello di coscienza …
Allora cominciate a rendervi conto che vi è un vasto regno di intelligenza al di là del pensiero, che il pensiero è solo un aspetto minuscolo di tale intelligenza. Vi rendete conto, inoltre, che tutte le cose veramente importanti (bellezza, amore, creatività, gioia, pace interiore) sorgono al di là della mente.

Incominciate a risvegliarvi.

LA LIBERAZIONE DALLA VOSTRA MENTE

La buona notizia è che potete davvero liberarvi dalla mente.
È questa l'unica vera liberazione.
Potete cominciare subito.

INIZIATE ASCOLTANDO LA VOCE NELLA VOSTRA TESTA

Quanto più spesso possibile. Prestate particolare attenzione a eventuali
schemi di pensiero ripetitivi, quei vecchi dischi che vi suonano in testa sicuramente da molti anni. È questo che intendo per «osservare colui che pensa», il che è un altro modo per dire: ascoltate la voce nella vostra testa, siate lì presenti e testimoni. Quando ascoltate questa voce, ascoltate in maniera imparziale. Vale a dire, non date giudizi. Non giudicate o condannate ciò che sentite, perché
questo vorrebbe dire che la stessa voce è rientrata dalla porta di servizio. Ve ne renderete conto presto : la voce è lì e io sono qui ad ascoltarla, a osservarla. Questa realizzazione del io sono , questo senso della vostra propria presenza, non è un pensiero. Nasce al di là della mente.
Così quando ascoltate un pensiero, siate consapevoli non soltanto del pensiero ma anche di voi stessi come testimoni del pensiero. È subentrata una nuova dimensione di consapevolezza.

ASCOLTANDO IL PENSIERO, si avverte una presenza consapevole

(il vostro sé più profondo) dietro o sotto il pensiero, per così dire. Ii pensiero allora perde il suo potere su di voi e rapidamente si placa, perché voi non fornite più energia alla mente attraverso la vostra identificazione con essa. Questo è l'inizio della fine del pensiero involontario e compulsivo. Quando un pensiero si placa, si ha l'esperienza di una discontinuità nel flusso mentale, un intervallo «senza mente».

Dapprima gli intervalli saranno brevi, forse alcuni secondi, ma a poco a poco si faranno più lunghi. Quando si verificano questi intervalli, si avverte una certa quiete e pace interiori. Questo è l'inizio del vostro stato di unione con l'Essenza, che di solito è oscurato dalla mente. Con la pratica, il senso di tranquillità e pace si approfondisce. In effetti non vi è limite alla sua profondità. Si sentirà anche nascere dal profondo una sottile emanazione di gioia:. la gioia della propia Essenza.

In questo stato di connessione interiore, siete molto più vigili, più svegli rispetto allo stato di identificazione con la mente. Siete totalmente presenti. Inoltre, questo stato innalza la frequenza di vibrazioni del corpo energetico che dà vita al corpo fisico.

Addentrandosi più in profondità in questo «regno senza mente», come viene talvolta chiamato in Oriente, si giunge allo stato di consapevolezza pura. In questo stato, avvertite la vostra propria presenza con tale intensità e con tale gioia che tutti i pensieri, tutte le emozioni, il corpo fisico e l'intero mondo esterno diventano al suo confronto relativamente insignificanti. Eppure questo stato non è egoistico bensì altruistico. Vi porta al di là di quello che in precedenza avevate considerato il «vostro sé». Questa presenza è essenzialmente voi e allo stesso tempo inconcepibilmente maggiore di voi.

INVECE DI «OSSERVARE COLUI CHE PENSA», potete anche creare un intervallo nel flusso mentale semplicemente rivolgendo il centro dell' attenzione all'Adesso. Basta infatti che diventiate intensamente consapevoli del momento presente.

È una cosa che dà profonda soddisfazione. In questo modo allontanate la consapevolezza dall' attività mentale e create un intervallo senza mente in cui siete altamente vigili e consapevoli ma non state pensando. Questo è l'essenza della meditazione.

NELLA VITA QUOTIDIANA, potete fare pratica di questo metodo prendendo ogni attività di routine che normalmente è solo un mezzo per raggiungere un fine e dedicarvi la massima attenzione, in modo che diventi un fine in sé. Per esempio, ogni volta che salite o scendete le scale a casa o sul lavoro, cercate di prestare grande attenzione ad ogni passo, ad ogni movimento, anche alla respirazione, siate totalmente presenti. Oppure quando vi lavate le mani prestate attenzione a tutte le percezioni sensoriali legate a tale attività: il suono e le sensazioni tattili

dell'acqua, il movimento delle mani, il profumo del sapone e così via. O, ancora, quando salite in automobile, dopo aver chiuso la portiera, soffermatevi per qualche secondo a osservare il flusso del vostro respiro.

Diventate consapevoli di un silenzioso e potente senso di presenza. Vi è un certo criterio con cui potete misurare il vostro successo in questa pratica: il livello di pace che avvertite interiormente.

Pertanto, il passo più importante nel viaggio verso l'illuminazione è questo: imparate a non identificarvi con la vostra mente. Ogni volta che create un intervallo nel flusso mentale, la luce della vostra consapevolezza si intensifica.

Un giorno potrete scoprirvi a sorridere della voce nella vostra testa, come sorridereste delle capriole fatte da un bambino. Ciò significa che non prenderete più tanto sul serio il contenuto della mente, perché il vostro senso del sé non dipenderà più da quest'ultima.

ILLUMINAZIONE: ELEVARSI OLTRE IL PENSIERO

Diventando adulti vi formate un'immagine mentale di voi stessi basata sul vostro condizionamento personale e culturale. Possiamo chiamare «ego» questo sé fantasma. È costituito dall' attività mentale e può essere mantenuto in vita soltanto con un pensiero continuo. Il termine «ego» assume significati diversi per persone diverse, ma quando lo uso qui indica un sé falso, creato dall'identificazione inconsapevole con la mente.

Per l'ego, il momento presente quasi non esiste.

Soltanto il passato e il futuro sono considerati importanti. Questo capovolgimento totale della verità spiega perché sotto l'influsso dell'ego la mente sia così disfunzionale. Si preoccupa sempre di mantenere vivo il passato, perché senza di esso, chi siete voi? Si proietta costantemente nel futuro per garantirsi la propria sopravvivenza e per cercarvi qualche genere di liberazione e di appagamento.

Dice: *«Un giorno, quando avverrà questo, quello o quell'altro, starò bene, sarò felice e in pace».*

Anche quando l'ego sembra preoccuparsi del presente, non è il presente ciò che vede: lo percepisce in modo completamente sbagliato perché lo osserva con gli occhi del passato.
Oppure riduce il presente a un mezzo rivolto a un fine, un fine che sta sempre nel futuro proiettato dalla mente. Osservate la vostra mente e vedrete che opera proprio in questo modo.
Il momento presente custodisce la chiave per accedere alla liberazione. Ma non potete trovare il momento presente fintanto che siete la vostra mente.

Illuminazione significa elevarsi oltre il pensiero. Nello stato illuminato, continuate a usare la mente pensante quando è necessario, ma in una maniera molto più concentrata ed efficace rispetto a prima. La si usa per lo più a scopi pratici, ma siete liberi dal dialogo interno involontario, e vi è quiete interiore.

Quando utilizzate la mente, e in particolare quando è necessaria una soluzione creativa, oscillate a intervalli di qualche minuto tra il pensiero e la quiete, tra la mente e l'assenza di mente. L'assenza di mente è consapevolezza senza pensiero. Soltanto in questo modo è possibile pensare creativamente, perché soltanto in questo modo il pensiero ha un potere reale. Il pensiero da solo, quando non è più connesso con il regno molto più vasto della consapevolezza, rapidamente diventa arido, folle, distruttivo.

EMOZIONE: LA REAZIONE DEL CORPO ALLA VOSTRA MENTE

La mente, per come uso io il termine, non è solo pensiero. Include le vostre emozioni nonché tutti gli schemi reattivi mente-emozioni. L'emozione nasce nel punto di incontro fra corpo e mente. È la reazione del corpo alla mente o, si potrebbe dire, un riflesso della mente nel corpo.

Più vi identificate con il pensiero, con quello che vi piace e con quello che non vi piace, con i vostri giudizi e interpretazioni, vale a dire meno siete presenti come consapevolezza osservante, più forte sarà la carica emozionale, che ve ne rendiate conto o no. Se non riuscite a provare emozioni, se ne siete tagliati fuori, prima o poi ne avrete esperienza a un livello puramente fisico, sotto forma di un disturbo o di un sintomo.

SE AVETE DIFFICOLTÀ A SENTIRE LE VOSTRE EMOZIONI,

incominciate focalizzando l'attenzione sul campo energetico interiore del vostro corpo. Sentite il corpo stesso dall'interno. In questo modo entrerete in contatto con le vostre emozioni. Se veramente volete conoscere la mente, il corpo ve ne darà sempre un riflesso veritiero, per cui osservate l'emozione o piuttosto sentitela nel corpo. Se vi è un apparente conflitto, il pensiero sarà la menzogna, l'emozione sarà la verità. Non la verità ultima di ciò che siete, ma la verità relativa dello stato della vostra mente in quel momento. Potete non essere in grado di portare l'attività mentale inconsapevole allo stato di consapevolezza sotto forma di pensieri, ma essa sarà sempre riflessa nel corpo sotto forma di emozioni, e di questo, sì che potete rendervi conto. Osservare un' emozione in questo modo è sostanzialmente la stessa cosa che ascoltare o osservare un pensiero, come descritto in precedenza.

L'unica differenza è che, mentre il pensiero è nella vostra testa, l'emozione ha una forte componente fisica e pertanto viene avvertita principalmente nel corpo. Allora potete consentire all'emozione di esistere senza per questo esserne controllati. Voi non siete più l'emozione; siete l'osservatore, la presenza che osserva.

Se fate pratica di ciò, tutto quello che in voi è inconscio sarà portato alla luce della consapevolezza.

PRENDETE l'ABITUDINE DI CHIEDERE A VOI STESSI: che cosa sta avvenendo dentro di me in questo istante? Tale interrogativo vi indirizzerà verso la strada giusta. Ma non analizzate, soltanto osservate, focalizzate la vostra attenzione verso l'interno. Percepite l'energia dell'emozione. Se non è presente alcuna emozione, potete portare la vostra attenzione più in profondità nel campo energetico del corpo. E la porta d'accesso alla vostra Essenza.

2. L'ORIGINE DELLA PAURA

La condizione psicologica di paura è separata da ogni pericolo immediato, vero e concreto.
Si presenta sotto varie forme: disagio, preoccupazione, ansia, nervosismo, tensione, terrore, fobia, eccetera. Questo genere di paura psicologica è sempre di qualcosa che potrebbe accadere, non di qualcosa che sta accadendo ora. Voi siete nel momento presente, mentre la vostra mente è nel futuro. Questo crea un divario di ansia. E se siete identificati con la vostra mente e avete perduto il contatto con la potenza e la semplicità dell' Adesso, questo divario di ansia vi accompagnerà costantemente. Potete sempre fare fronte al momento presente, ma non potete fare fronte a qualcosa che è soltanto una proiezione della mente: *non potete fare fronte al futuro*.

Inoltre, fintanto che vi identificate con la vostra mente, l'ego gestisce la vostra vita. Per via della sua natura fantasma, e malgrado elaborati meccanismi di difesa, l'ego è vulnerabile e insicuro e si vede continuamente minacciato. Questo, a proposito, vale anche se l'ego è
esteriormente molto sicuro di sé. Ora ricordate che un'emozione è la reazione del corpo alla mente. Quale messaggio il corpo riceve continuamente dall'ego, dal sé falso, creato dalla mente? Pericolo, sono minacciato. E quale emozione viene generata da questo messaggio continuo? La paura, naturalmente.

La paura sembra avere molte cause. Paura della perdita, paura del fallimento, paura di essere feriti e così via, ma in definitiva ogni paura è la paura che l'ego ha della morte, dell'annullamento. Per l'ego, la morte è sempre dietro l'angolo.

In questo stato identificato con la mente, la paura della morte
influenza ogni aspetto della vita.
Per esempio, anche una cosa apparentemente banale e
«normale» come il bisogno compulsivo di avere ragione in un
litigio e dimostrare che l'altra persona ha torto (difendendo
la posizione mentale con cui ci si è identificati) è dovuta alla
paura della morte. Se voi vi identificate con una posizione
mentale, allora se avete torto il vostro senso del sé basato
sulla mente viene seriamente minacciato di annullamento,
poiché voi come ego non potete permettervi di aver torto.
Avere torto significa morire. Su questo si sono combattute
guerre e si sono rotti innumerevoli rapporti personali
Una volta che avete rotto l'identificazione con la mente, il fatto
di avere ragione o torto non fa alcuna differenza per il vostro
senso del sé, per cui il bisogno fortemente compulsivo e
profondamente inconsapevole di avere ragione, che è una
forma di violenza, non esisterà più. Potete affermare
chiaramente e con fermezza ciò che sentite o cosa pensate,
ma non vi sarà in questo alcuna difesa o aggressività.
Il vostro senso del sé proverrà allora da un luogo più profondo
e più vero dentro di voi, non dalla mente.

FATE ATTENZIONE A OGNI SENSO DI DIFESA dentro di
voi. Che cosa
state difendendo? Una identità illusoria, un' immagine nella
vostra mente, un' entità fittizia. Rendendo consapevole questo
schema, essendone testimoni, eliminate la vostra
identificazione con esso. Alla
luce della vostra consapevolezza, lo schema inconsapevole si
dissolverà rapidamente . Questa è la fine di tutti i litigi e giochi
di potere, che sono tanto nocivi per i rapporti personali. Il
potere sugli altri è debolezza mascherata da forza. Il vero
potere è interiore ed è disponibile a voi ora.

La mente cerca sempre di negare l'Adesso e di sfuggirle. In altre parole, più siete identificati con la mente, più soffrite. O potete metterlo in questo modo: più siete in grado di onorare e accettare l'Adesso, più siete liberi dal dolore, dalla sofferenza, e liberi dalla mente egoica.
Se non volete creare più a lungo dolore per voi stessi e per gli altri, se non volete aggiungere altro dolore residuo a quello passato che tuttora sopravvive in voi, allora non create più tempo, o almeno non più di quello che è necessario per avere a che fare con gli aspetti pratici della vostra vita. Come smettere di creare tempo?

REALIZZATE PROFONDAMENTE CHE IL MOMENTO PRESENTE è tutto quello che avete. Fate dell' Adesso il punto focale principale della vostra vita. Mentre nel passato avete dimorato nel tempo e avete fatto solo brevi puntate nell' Adesso, ora la vostra dimora è nell' Adesso e fate solo brevi puntate nel passato e nel futuro quando vi è richiesto per avere a che fare con gli aspetti pratici della vostra situazione di vita. Dite sempre «sì» al momento presente.

PORRE TERMINE ALL'ILLUSIONE DEL TEMPO

Ecco la chiave: porre termine all'illusione del tempo.
Tempo e mente sono inseparabili. Se alla mente togliete il tempo, questa si ferma, a meno che non decidiate di utilizzarla.
Identificarsi con la mente significa essere intrappolati nel tempo: la compulsività di vivere quasi esclusivamente attraverso il ricordo e l'anticipazione. Ciò crea una preoccupazione continua nei riguardi del passato e del futuro e una indisponibilità a onorare e riconoscere il momento presente e a permetterlo. Tale compulsività nasce perché il passato ci fornisce un'identità e il futuro racchiude la promessa di salvezza, di appagamento sotto qualsiasi forma. Entrambi sono illusioni.
Più siamo concentrati sul tempo (passato e futuro), più ci sfugge l'Adesso, la cosa più preziosa che esista.
Perché è la cosa più preziosa? In primo luogo perché è l'unica cosa. È tutto ciò che esiste.
Il presente eterno è lo spazio entro cui si svolge l'intera vostra vita, l'unico fattore che rimane costante. La vita è adesso. Non vi è mai stato un tempo in cui la vostra vita non fosse adesso, né vi sarà mai.
In secondo luogo l'Adesso è l'unico punto che possa condurci al di là dei confini limitati della mente. È il vostro unico punto di accesso al regno senza tempo e senza forma dell'Essere.
Vi è mai capitato di sperimentare, fare, pensare o sentire qualcosa al di là dell' Adesso?
Ritenete che possa mai capitarvi ? È possibile che qualcosa avvenga o esista al di là dell'Adesso? La risposta è ovvia, non è vero?
Niente è mai avvenuto nel passato; è avvenuto nell' Adesso.
Niente avverrà mai nel futuro; avverrà nell' Adesso.

L'essenza di ciò che sto dicendo non può essere capita dalla mente. Nel momento in cui l'afferrate, vi è un trasferimento di coscienza dalla mente all'Essere, dal tempo alla presenza. All'improvviso tutto appare vivo, irradia energia, emana Essere.

3. ENTRARE NELL' ADESSO

Con la dimensione senza tempo arriva un diverso tipo di sapere, il quale non «uccide» lo spirito che vive in ogni creatura e in ogni cosa. Un sapere che non distrugge la sacralità e il mistero della vita ma contiene un amore e una riverenza profondi per tutto ciò che é. Un
sapere di cui la mente non sa nulla.

SPEZZATE I VECCHI SCHEMI della negazione del momento presente e di resistenza al momento presente. Fate sì che la vostra pratica sia di distogliere l'attenzione dal passato e dal futuro quando non è necessario. Uscite dalla dimensione temporale per quanto possibile nella vita quotidiana.
Se trovate difficile entrare direttamente nell'Adesso, cominciate con l'osservare la tendenza abituale della vostra mente a voler fuggire dall' Adesso. Osserverete che il futuro viene di solito immaginato migliore o peggiore del presente.
Se il futuro immaginato è migliore, ci dà
speranze o aspettative piacevoli. Se è peggiore crea ansia. Entrambi
sono illusorie. Attraverso l'osservazione di sé ,
automaticamente entra nella vostra vita una maggiore presenza. Nel momento in cui ci si rende conto di non essere presenti , si è presenti. Ogni volta che potete osservare la vostra mente, non siete più intrappolati in essa. È
comparso un altro fattore, qualcosa che non è della mente: la presenza testimone.
Siate presenti come osservatori della vostra mente : dei vostri pensieri,
delle vostre emozioni nonché delle vostre reazioni in varie circostanze.
Siate almeno altrettanto interessati alle vostre reazioni quanto alla situazione o alla persona che vi induce a reagire.

Notate anche quanto spesso la vostra attenzione è rivolta al passato o al futuro. Non giudicate né analizzate ciò che osservate. Guardate il pensiero, percepite l'emozione, guardate la reazione. Non fatene un problema personale. Allora percepirete qualcosa di più potente di ognuna di quelle cose che osservate: la presenza tranquilla e osservatrice al di là della mente, l'osservatore silenzioso.

Una presenza intensa è necessaria quando certe situazioni innescano una reazione dalla forte carica emozionale, come quando l'immagine di voi stessi è minacciata, quando nella vostra vita si presenta una situazione che innesca la paura, quando le cose «vanno storte»

oppure viene a galla un complesso emozionale proveniente dal passato. In questi casi avete la tendenza a diventare «inconsapevoli». La reazione o l'emozione si impadroniscono di voi, voi «diventate» una tale reazione o emozione. Le date forma. Giustificate, date torto, attaccate, vi difendete ... ma non siete voi, è lo schema reattivo, la mente nel suo abituale schema di sopravvivenza.

L'identificazione con la mente le dà maggiore energia; l'osservazione della mente le sottrae energia.

L'identificazione con la mente crea altro tempo; l'osservazione della mente dischiude la dimensione dell'assenza di tempo. L'energia sottratta alla mente si trasforma in presenza. Quando percepite che cosa vuol dire essere presenti, diventa molto più facile scegliere semplicemente di uscire dalla dimensione temporale ogni volta che il tempo non è necessario per scopi pratici ed entrare più in profondità nell' Adesso.

Ciò non danneggia la vostra capacità di usare il tempo (passato o futuro) quando dovete farvi riferimento per scopi pratici. Né danneggia la vostra capacità di usare la mente. Irì effetti la accresce. Quando poi userete la mente, sarà più acuta, più concentrata.

Il fulcro dell' attenzione della persona illuminata è sempre
l'Adesso; ma tale persona è ancora marginalmente
consapevole del tempo. In altri termini, continua a usare il
tempo orario ma è
libera dal tempo psicologico.

LASCIAR CADERE IL TEMPO PSICOLOGICO

Imparate a usare il tempo negli aspetti pratici della vita
(possiamo chiamarlo tempo orario) ma ritornate
immediatamente alla consapevolezza del momento presente
quando si sono
risolte tali questioni pratiche. In questo modo non vi sarà
accumulo di «tempo psicologico», che è l'identificazione con il
passato e la proiezione continua e compulsiva verso il futuro.

Se vi ponete un obiettivo e lavorate per raggiungerlo, utilizzate
il tempo orario. Siete consapevoli di dove volete andare, ma
onorate e dedicate la vostra massima attenzione al passo che
state compiendo in questo istante. Se poi vi concentrate
eccessivamente sull'obiettivo, magari perché in esso state
cercando felicità, appagamento o un più completo senso del
sé, l'Adesso non viene più onorato. Viene ridotto ad un
semplice gradino verso il futuro, privo di valore intrinseco.
Allora il tempo orario si trasforma in tempo psicologico.
Il viaggio della vostra vita non è più un'avventura ma solo un
bisogno ossessivo di arrivare, di raggiungere, di «farcela».
Non vedete e non annusate più i fiori sul ciglio della strada, né
siete consapevoli della bellezza e del miracolo della vita che si
manifesta attorno a voi quando siete presenti nell'Adesso.

Cercate sempre di andare da qualche parte diversa da dove
siete? La maggior parte del vostro agire è soltanto un mezzo
rivolto a un fine? L'appagamento è sempre dietro l'angolo o
limitato a piaceri di breve durata, come sesso, cibo, bevande,
droghe o emozione ed eccitazione? Siete sempre concentrati
sul divenire, raggiungere e ottenere, o in alternativa
andate a caccia di qualche nuova emozione o piacere?
Ritenete che se acquistate più cose vi sentirete più appagati,

più bravi o psicologicamente completi? State aspettando che un

uomo o una donna diano significato alla vostra vita?

Nello stato di consapevolezza normale, identificato con la mente, ovvero non illuminato, la potenza e le infinite potenzialità creative racchiuse nell'Adesso sono completamente oscurate dal tempo psicologico. La vostra vita allora perde la sua vibrazione, la sua freschezza, il suo senso di stupore. I vecchi schemi di pensiero, emozione, comportamento,

reazione e desiderio vengono recitati in commedie ripetute infinite volte, come copioni nella vostra mente che vi forniscono un'identità di qualche tipo ma distorcono o nascondono la realtà dell'Adesso. La mente allora crea un' ossessione per il futuro come fuga dal presente insoddisfacente.

Quello che percepite come futuro è una parte intrinseca del vostro stato di consapevolezza ora. Se la vostra mente porta un pesante fardello di passato, avremo di nuovo esperienza delle stesse cose. Il passato perpetua se stesso attraverso la mancanza di presenza. La qualità della vostra consapevolezza in questo momento è ciò che plasma il futuro, il quale, naturalmente, può essere sperimentato solamente come Adesso.

Se è la qualità della vostra consapevolezza in questo momento a determinare il futuro, allora cosa determina la qualità della vostra consapevolezza? Il vostro grado di presenza. Pertanto l'unico luogo in cui possa avvenire il vero cambiamento e in cui il passato possa essere dissolto è l'Adesso.

Potrete trovare difficile riconoscere che il tempo è la causa della vostra sofferenza o dei vostri problemi. Voi credete che siano causati da situazioni specifiche della vostra vita, e da un punto di vista convenzionale è così. Ma finché non affrontate

la disfunzione fondamentale della mente che crea i problemi (il suo attaccamento al passato e al futuro e la negazione dell' Adesso), i problemi sono in realtà intercambiabili. Se tutti i vostri problemi o le presunte cause di sofferenza o di infelicità vi venissero miracolosamente tolti oggi, ma voi non foste diventati più presenti, più consapevoli, ben presto vi ritrovereste con un'analoga serie di
problemi o di cause di sofferenza, come un'ombra che vi segue dovunque andiate.

In definitiva c'è un solo problema: la mente legata al tempo. Non vi è salvezza nel tempo. Non potete essere liberi nel futuro.

LA PRESENZA È LA CHIAVE per la libertà, per cui potete essere liberi solo adesso.

TROVARE LA VITA AL DI SOTTO DELLA VOSTRA SITUAZIONE DI VITA

Ciò che chiamate la vostra «vita» dovrebbe essere più precisamente chiamata la vostra «situazione di vita». E il tempo psicologico: passato e futuro. Certe cose nel passato non sono andate come volevate che andassero. State ancora opponendo resistenza a quello che è avvenuto in passato, e ora opponete resistenza a quello che è. La speranza è ciò che vi fa andare avanti, ma la speranza vi mantiene concentrati sul futuro, e questa concentrazione continuata perpetua la vostra negazione dell'Adesso e pertanto la vostra infelicità.

DIMENTICATE LA VOSTRA SITUAZIONE DI VITA per un po'
e prestate attenzione alla vostra vita. La vostra situazione di vita esiste nel tempo. La vostra vita è adesso.
La vostra situazione di vita è creata dalla mente. La vostra vita è reale.
Trovate il «passaggio stretto che conduce alla vita». Si chiama Adesso.
Restringete la vostra vita a questo momento. La vostra situazione di vita
può essere piena di problemi (quasi tutte le situazioni di vita lo sono) ma cercate di scoprire sa avete qualche problema in questo momento. Non domani o fra dieci minuti, ma adesso. Avete un problema adesso?
Quando siete pieni di problemi, non vi è spazio per lasciar entrare niente di nuovo, non vi è spazio per una soluzione. Allora ogni qualvolta che potete, cercate di creare un po' di spazio per trovare la vita dietro la situazione di vita.

UTILIZZATE PIENAMENTE I VOSTRI SENSI, siate dove vi trovate.
Guardatevi attorno, limitandovi a guardare senza interpretare.

Osservate la luce, le forme, i colori, la consistenza.
Prendete consapevolezza della presenza silenziosa di ogni cosa, dello spazio che consente a ogni cosa di essere.
Ascoltate i suoni, senza giudicarli. Ascoltate il silenzio dietro i suoni.
Toccate qualcosa, qualunque cosa, e percepitene e riconoscetene l'Essere.
Osservate il ritmo della vostra respirazione; percepite l'aria che entra ed esce, percepite l'energia vitale dentro il vostro corpo. Consentite a ogni cosa di essere, dentro di voi e al di fuori. Permettete l' «essere così» di tutte le cose. Entrate in profondità nell' Adesso. State lasciando alle spalle il mondo privo di vita dell'astrazione mentale, del tempo.

State uscendo dalla mente folle che vi svuota di energia vitale, così come
lentamente avvelena e distrugge la Terra. Vi state risvegliando dal sogno del tempo, entrando nel presente.

TUTTI I PROBLEMI SONO ILLUSIONI DELLA MENTE

CONCENTRATE LA VOSTRA ATTENZIONE NELL' ADESSO
e vedete quale problema avete in questo momento.
Non vi è risposta perché è impossibile avere un problema
quando la vostra attenzione è pienamente nell'Adesso. Una
situazione che deve essere affrontata o accettata, sì. Perché
fame un problema?
La mente inconsciamente ama i problemi perché vi danno una
sorta di identità. È normale, ed è folle.
«Problema» significa che vi soffermate mentalmente su una
situazione senza che vi sia una vera intenzione o possibilità di
intraprendere un' azione adesso e che voi inconsapevolmente
ne fate una parte del vostro senso del sé. Vi lasciate
sopraffare dalla vostra situazione di vita al punto di perdere il
senso della vita, dell'Essere. Oppure portate nella mente il
fardello folle di cento cose che dovreste o potreste fare in
futuro, anziché concentrare la vostra attenzione sull'unica
cosa che potreste davvero fare adesso.

QUANDO CREATE UN PROBLEMA, create dolore. Tutto ciò
che serve è una semplice scelta, una semplice decisione:
qualunque cosa accada, non creerò più dolore per me stesso.
Non creerò più problemi.
Sebbene sia una scelta semplice, è anche assai radicale. Non
compirete questa scelta se non sarete davvero stufi di soffrire,
se non ne avrete davvero avuto abbastanza. E non potrete
arrivarci se non accederete al potere dell'Adesso. Se non
create più dolore per voi stessi, non create più dolore per gli
altri. Inoltre non contaminerete più la bellissima Terra, il vostro
spazio interiore e la psiche collettiva umana con la negatività
del creare problemi.
Se nasce una situazione che dovete affrontare adesso, la
vostra azione sarà chiara e incisiva se nasce dalla

consapevolezza del momento presente. È anche più probabile che sia efficace. Non sarà una reazione che deriva dal condizionamento passato della nostra mente ma una risposta intuitiva alla situazione. In altri casi, quando la mente legata al tempo avrebbe reagito, voi avreste trovato più efficace non fare nulla, limitandovi a rimanere centrati sull'Adesso.

LA GIOIA DELL'ESSERE

Per rendervi conto che vi siete lasciati sopraffare dal tempo psicologico, potete utilizzare un semplice criterio.

DOMANDATEVI: vi sono gioia, facilità e leggerezza in ciò che sto facendo? Se non ve ne sono, allora il tempo sta nascondendo il momento presente, e la vita viene percepita come fardello o come lotta.

Se non vi sono gioia, facilità e leggerezza in quello che state facendo, ciò non significa necessariamente che dovete modificare ciò che state facendo. Può essere sufficiente modificare il come. Il «come» è sempre più importante del «che cosa». Vedete se potete prestare molta più attenzione al fare che non al risultato che volete ottenere attraverso il fare. Dedicate la vostra massima attenzione a ciò che offre il momento presente. Questo implica che accettiate completamente ciò che è, perché non potete dedicare la vostra massima attenzione a qualcosa e allo stesso tempo opporvi resistenza.

Non appena onorate il momento presente, ogni infelicità e ogni sforzo si dissolvono, e la vita comincia a scorrere con gioia e facilità. Quando agite sulla base della consapevolezza del momento presente, qualunque cosa facciate si impregna di un senso di qualità, di sollecitudine e di amore, anche l'azione più semplice.

NON PREOCCUPATEVI DEI FRUTTI DELLA VOSTRA AZIONE, limitatevi a prestare attenzione all'azione in se stessa.

I frutti verranno da soli.

Questo è una potente pratica spirituale.

Quando lo sforzo compulsivo di allontanarsi dall'Adesso viene
meno, la gioia dell'Essere fluisce in ogni cosa che fate. Nel
momento in cui la vostra attenzione si rivolge all'Adesso,
avvertite una presenza, una tranquillità, una pace. Non
dipendete più dal futuro per trovare appagamento e
soddisfazione, non guardate più al futuro per trovare la
salvezza. Pertanto non siete attaccati ai risultati.
Né il fallimento né il successo hanno il potere di modificare il
vostro stato interiore dell'Essere. Avete trovato la vita dietro la
vostra situazione di vita.
In assenza di tempo psicologico, il vostro senso del sé è tratto
dall'Essere, non dal vostro passato personale. Pertanto il
bisogno psicologico di diventare qualunque cosa diversa da
ciò che siete non esiste più. Nel mondo, a livello della vostra
situazione di vita, potete effettivamente diventare ricchi,
acquisire conoscenza, avere successo,
liberarvi da questo e da quello, ma nella dimensione profonda
dell'Essere siete completi e integri adesso.
LO STATO DI COSCIENZA SENZA TEMPO

Quando ogni cellula del corpo è presente al punto di sentirsi
vibrante di vita, e quando voi potete percepire questa vita in
ogni momento come gioia dell'Essere, allora potete dire di
essere liberi dal tempo. Essere liberi dal tempo significa
essere liberi dal bisogno psicologico del passato per trame la
vostra identità e dal futuro per trarne il proprio completamento.
Rappresenta la trasformazione di coscienza più profonda che
potete immaginare.

QUANDO AVETE COLTO I PRIMI BAGLIORI DELLO STATO
DI COSCIENZA SENZA TEMPO, cominciate a spostarvi
avanti e indietro fra le dimensioni del tempo e della presenza.
Da principio diventate consapevoli di quanto raramente la
vostra attenzione è davvero nell'Adesso. Ma sapere di non

essere presenti è un grande successo: quel sapere è presenza, anche se inizialmente dura appena un paio di secondi di tempo orario prima di andare nuovamente perduto. Poi, con frequenza crescente, voi scegliete di focalizzare la vostra consapevolezza sul momento presente anziché sul passato o sul futuro, e quando vi rendete conto che avete perduto l'Adesso, siete in grado di rimanervi non soltanto per un paio di secondi ma per periodi più lunghi se percepiti dal punto di vista esteriore del tempo orario.

Allora prima di consolidarvi nello stato di presenza, vale a dire prima di essere pienamente consapevoli, vi spostate avanti e indietro per un certo tempo fra la consapevolezza e l'inconsapevolezza, fra lo stato di presenza e lo stato di identificazione con la mente.

Perdete l'Adesso e vi ritornate, ripetutamente.

Alla fine, la presenza diventa il vostro stato predominante.

4. DISSOLVERE L'INCONSAPEVOLEZZA

È essenziale portare maggiore consapevolezza nella vostra vita in situazioni ordinarie in cui tutto procede con relativa tranquillità. In questo modo si acquisisce maggiore intensità di presenza. Questa genera in voi e attorno a voi un campo energetico di elevata frequenza di vibrazione. Nessuna inconsapevolezza, nessuna negatività, nessuna discordia o violenza possono entrare in questo campo e sopravvivere, così come il buio non può sopravvivere in presenza della luce. Quando imparate a essere testimoni dei vostri pensieri ed emozioni, il che è una parte essenziale dell'essere presenti, potete rimanere sorpresi quando per la prima volta vi rendete conto del «rumore» di fondo dell'inconsapevolezza ordinaria e capite quanto di rado, o mai, siete veramente a vostro agio con voi stessi.

A livello del pensiero incontrerete molta resistenza sotto forma di giudizi, malcontento e proiezione mentale lontano dall'Adesso.
A livello emozionale vi sarà una corrente sotterranea di disagio, tensione, noia o nervosismo. Tutti sono aspetti della mente nella sua modalità abituale di resistenza.

OSSERVATE I MOLTI MODI IN CUI DISAGIO, malcontento, e tensione nascono in voi attraverso il giudizio superfluo, la resistenza verso ciò che è, e la negazione dell'Adesso.
Ogni cosa inconsapevole si dissolve quando voi la rischiarate con la luce della consapevolezza.
Quando sapete come dissolvere l'inconsapevolezza ordinaria, la luce della vostra presenza brillerà fulgida, e sarà molto più facile affrontare l'inconsapevolezza profonda quando ne avvertirete l'attrazione gravitazionale. Tuttavia l'inconsapevolezza ordinaria

può non essere facile da individuare inizialmente perché è così normale.

ABITUATEVI A SORVEGLIARE IL VOSTRO STATO MENTALE ED EMOZIONALE attraverso l'autoosservazione. «Sono a mio agio in questo momento?» è una buona domanda da porvi di frequente. Oppure potete domandarvi: «Che cosa sta avvenendo dentro di me in questo momento?». Interessatevi a ciò che avviene dentro di voi almeno quanto a ciò che avviene all'esterno.
Se l'interno va bene, l'esterno andrà a posto a sua volta.
La realtà primaria è dentro, la realtà secondaria è fuori.

MA NON RISPONDETE IMMEDIATAMENTE A QUESTE DOMANDE. Dovete rivolgere la vostra attenzione verso l'interno.
Date un'occhiata dentro di voi.
Che genere di pensieri sta producendo la vostra mente?
Che cosa percepite?
Rivolgete la vostra attenzione all'interno del corpo. Vi è tensione?
Quando rilevate che vi è un basso livello di disagio, il rumore di fondo, vedete in che modo state evitando, opponendo resistenza o negando la vita, mediante la negazione dell'Adesso.
Vi sono molti modi in cui si può resistere inconsapevolmente al momento presente. Con la pratica, il vostro potere di auto-osservazione e di sorvegliare il vostro stato interiore, si affinerà.

DOVUNQUE VOI SIATE, SIATECI TOTALMENTE

Siete stressati? Siete così indaffarati a raggiungere il futuro
che il presente è ridotto a un mezzo per arrivare là? Lo stress
è causato dall «essere qui» ma dal voler essere «là» o
dall'essere nel presente ma voler essere nel futuro. È una
spaccatura che vi lacera interiormente.
Il passato assorbe gran parte della vostra attenzione? Ne
parlate e ci pensate di frequente, sia positivamente che
negativamente? Alle grandi cose che avete raggiunto, alle
vostre avventure o esperienze, oppure alla vostra storia di
vittime e alle cose orribili che vi hanno fatto, o forse a ciò che
avete fatto voi a qualcun altro? I vostri processi di pensiero
creano senso di colpa, superbia, risentimento, collera, rimorso
o auto commiserazione? Allora non soltanto rinforzate un falso
senso del sé ma contribuite anche ad accelerare il processo di
invecchiamento del vostro corpo creando un accumulo di
passato nella vostra psiche. Potete verificarlo da soli
osservando le persone che vi circondano e che hanno una
forte tendenza ad aggrapparsi al passato.

MORITE AL PASSATO OGNI MOMENTO.

Non ne avete bisogno.
Fateci riferimento solo quando è assolutamente necessario al
presente. Percepite il potere di questo momento e la pienezza
dell'Essere.
Percepite la vostra presenza.
Siete preoccupati? Pensate spesso «e se succede ... »? Vi
identificate con la vostra mente, che proietta se stessa in una
futura situazione immaginaria e crea paura. Non vi è modo di
fare fronte a una tale situazione perché non esiste.
È un fantasma mentale.
Potete fermare questa follia che corrode la salute e la vita
semplicemente riconoscendo il momento presente.

PRENDETE CONSAPEVOLEZZA DEL VOSTRO RESPIRO.

Percepite l'aria che entra ed esce dal corpo.
Percepite il vostro campo energetico interiore.
Tutto ciò che dovete affrontare e gestire nella vita reale
{contrariamente alle proiezioni mentali immaginarie) è questo
momento. Domandatevi quale «problema» avete adesso, non
l'anno prossimo, domani o fra cinque minuti. Cosa c'è che non
va in questo momento?
Potete sempre fare fronte all'adesso, ma non potete mai fare
fronte al futuro, né siete tenuti a farlo. La risposta, la forza,
l'azione giusta o la risorsa saranno lì quando ne avrete
bisogno, né prima né dopo.
Siete abituati ad aspettare?
Quanto della vostra vita la trascorrete in attesa?
Ciò che chiamo «attesa su piccola scala» è aspettare in coda
all'ufficio postale, in un ingorgo stradale, all'aeroporto, oppure
aspettare l'arrivo di qualcuno, la conclusione di un lavoro,
eccetera. «Attesa su grande scala» è aspettare la prossima
vacanza, un lavoro migliore, aspettare che i figli crescano,
diventare importanti, diventare illuminati. Non è insolito
trascorrere l'intera vita aspettando di cominciare a vivere.
L'attesa è uno stato mentale.
Sostanzialmente significa che voi volete il futuro; non volete il
presente. Non volete ciò che avete, e volete ciò che non
avete. Con ogni genere di attesa create inconsapevolmente
un conflitto interiore fra il vostro qui e ora, dove non volete
essere, e il futuro proiettato, dove volete essere. Questo
riduce grandemente la qualità della vostra vita facendovi
perdere il presente.
Per esempio molte persone attendono la prosperità.
Non può arrivare nel futuro. Quando voi onorate, riconoscete
e accettate pienamente la vostra realtà presente (dove siete,
chi siete, che cosa state facendo proprio adesso), quando

accettate pienamente ciò che avete, siete grati per ciò che avete, grati per ciò che è, grati per essere.

La gratitudine per il momento presente e la pienezza della vita adesso è la vera prosperità. Non può arrivare nel futuro. Poi, con il tempo, tale prosperità

si manifesta a voi in vari modi. Se siete insoddisfatti di ciò che avete, o perfino frustrati o in collera per la vostra attuale situazione di mancanza, ciò può motivarvi a diventare ricchi, ma anche se davvero fate i miliardi, continuerete ad avere esperienza delle condizioni interiori di mancanza, e nel profondo continuerete a sentirvi inappagati.

Potrete avere molte esperienze entusiasmanti grazie al denaro, ma prima o poi finiranno e vi lasceranno sempre una sensazione di vuoto e la necessità di ulteriori gratificazioni fisiche o psicologiche. Non dimorerete nell'Essere, né percepirete la pienezza della vita adesso, che sola garantisce la vera prosperità.

RINUNCIATE ALL'ATTESA COME STATO MENTALE.

Quando vi sorprendete a scivolare nell'attesa ... scuotetevi da questa

situazione. Arrivate al momento presente. Cercate semplicemente di esserci e di gioire ad essere. Se siete presenti, non vi è mai alcuna necessità di aspettare alcunché. Allora la prossima volta che qualcuno vi dice «Mi dispiace di averti fatto aspettare» potete rispondere: «Va bene, non stavo aspettando: 'ero qui a gioire di me stesso, la gioia del mio sé».

Queste sono soltanto alcune delle abituali strategie mentali per negare il momento presente che fanno parte dell'inconsapevolezza ordinaria. È facile lasciarsele sfuggire perché sono molto diffuse nel vivere normale: il rumore di fondo del malcontento perpetuo. Ma più praticate la sorveglianza del vostro stato mentale-emozionale interiore, più vi sarà facile sapere quando siete intrappolati nel passato o nel futuro, vale a dire nell'inconsapevolezza, e risvegliarvi dal sogno del tempo arrivando al presente. Ma state in guardia: il sé falso e infelice, basato sull'identificazione con la mente, vive di tempo.

Sa che il momento presente è la sua morte e pertanto se ne sente molto minacciato.

Farà tutto il possibile per tirarvene fuori. Cercherà di intrappolarvi nel tempo.

In un certo senso lo stato di presenza, può essere paragonato all' attesa. È un tipo di attesa qualitativamente diverso, che richiede la vostra totale vigilanza. Può accadere qualcosa in qualsiasi momento, e se non siete assolutamente svegli, assolutamente tranquilli, vi sfuggirà. In questo stato tutta la vostra attenzione è nell'adesso. Non ne rimane niente per fantasticare, pensare, ricordare, prevedere. Non vi è tensione, né paura, soltanto presenza vigile. Siete presenti con l'intero vostro Essere, con ogni cellula del corpo. In questo stato, il «voi» che ha un passato e un futuro, la personalità se volete, quasi non esiste più. Eppure niente di valore va perduto. Siete ancora essenzialmente voi stessi. In effetti siete più pienamente voi stessi di quando lo siate mai stati in precedenza, o, meglio, è soltanto adesso che siete veramente voi stessi.

IL PASSATO IN VOSTRA PRESENZA NON PUÒ SOPRAVVIVERE

Qualunque cosa vi serva sapere riguardo al passato inconsapevole dentro di voi, le minacce del presente la faranno emergere. Se voi vi immergete nel passato, diventerà un pozzo senza fondo: ce n'è sempre di più. Potete pensare di aver bisogno di più tempo per capire il passato e per liberarvi; in altri termini, che il futuro prima o poi vi libererà dal passato. Questa è un'illusione.
Solo il presente può liberarvi dal passato. Una maggiore quantità di tempo non può liberarvi dal tempo.
Accedete al potere di Adesso. Questa è la chiave. Il potere di Adesso non è altro che il potere della vostra presenza, la vostra consapevolezza liberata dalle forme di pensiero.
Per cui affrontate il passato a livello del presente. Più attenzione rivolgete al passato, più gli date energia e più è probabile che da questo vi costruiate un «sé».
Questo punto non va frainteso: l'attenzione è essenziale, ma non per il passato in quanto passato. Prestate attenzione al presente; prestate attenzione al vostro comportamento, alle vostre reazioni, ai vostri stati d'animo, pensieri, emozioni, paure e desideri a mano a mano che si verificano nel presente. È questo il passato dentro di voi. Se riuscite a essere sufficientemente presenti per osservare tutte queste cose, non in maniera critica o analitica ma senza giudizi, allora affrontate il passato e lo dissolvete attraverso il potere della vostra presenza. Non potete trovare voi stessi entrando nel passato. Troverete voi stessi arrivando al presente.

5. LA BELLEZZA SORGE NELLA QUIETE DELLA VOSTRA PRESENZA

La presenza è necessaria per diventare consapevoli della bellezza, della maestà, della sacralità della natura. Avete mai rivolto lo sguardo all'infinità dello spazio in una notte limpida, sgomenti per la sua quiete assoluta e la sua vastità inconcepibile? Avete ascoltato, veramente ascoltato, il suono di un torrente di montagna nel bosco? O il canto di un merlo al crepuscolo in una tranquilla serata estiva? Per divenire consapevoli di cose simili, la mente deve essere quieta. Per un attimo mettete giù il vostro bagaglio personale di problemi, di passato e futuro, così come la vostra conoscenza; altrimenti guardate ma non vedete, ascoltate ma non udite. È necessaria la vostra presenza totale.

AL DI LÀ DELLA BELLEZZA DELLE FORME ESTERIORI, qui vi è di più: qualcosa che non può essere nominato, qualcosa di ineffabile, una qualche essenza profonda, interiore, sacra. Quando e dove vi è bellezza, questa essenza interiore traspare in qualche modo. Si rivela a voi solamente quando siete presenti.È possibile che questa essenza priva di nome e' la vostra presenza siano la
stessa cosa?

Esisterebbe senza la vostra presenza?

Entrate in profondità in questo. Scopritelo da soli.

REALIZZARE LA CONSAPEVOLEZZA PURA

Ogni qualvolta osservate la mente, allontanate dalle forme
mentali la consapevolezza, che allora diventa ciò che
chiamiamo «l'osservatore» o il «testimone». Di conseguenza
l'osservatore (consapevolezza pura al di là della forma)
diventa più forte, e le formazioni mentali più deboli.
Quando parliamo di osservare la mente, personalizziamo un
evento che è veramente di significato cosmico: attraverso di
voi la consapevolezza si risveglia dal suo sogno di
identificazione con la forma e si allontana dalla forma. Questo
presagisce, ma ne fa già parte, un evento che è
probabilmente ancora in un futuro lontano per ciò che riguarda
il tempo cronologico.
Tale evento è chiamato: la fine del mondo.

STARE PRESENTI NELLA VITA QUOTIDIANA, aiuta a
essere
profondamente radicati in voi stessi; altrimenti la mente che ha
un incredibile impeto, vi trascinerà via come un fiume in plena.
Significa che dovete abitare pienamente il vostro corpo.
Che dovete avere sempre una parte dell'attenzione nel campo
energetico interiore del vostro corpo. Di percepire il corpo
dall'interno, per così dire.
La consapevolezza corporea vi tiene
presenti.

Vi ancora nell'adesso.

Il corpo che potete vedere e toccare non può condurvi
all'essere. Ma quel corpo visibile e tangibile è soltanto un
involucro esterno, o meglio una percezione limitata e distorta
di una realtà più profonda. Nel vostro stato naturale di

connessione con l'Essere, questa realtà più profonda può essere percepita in ogni momento come corpo interiore invisibile, presenza animatrice dentro di voi. Così «abitare» il corpo significa sentire il corpo da dentro, sentire la vita dentro il corpo e in tal modo arrivare a sapere che voi siete al di là della forma esteriore.

Siete tagliati fuori dall'Essere fintanto che la vostra mente assorbe tutta la vostra attenzione.

Quando ciò avviene (e avviene continuamente per la maggior parte di voi) voi non siete nel vostro corpo. La mente assorbe tutta la vostra consapevolezza e la trasforma in sostanza mentale. Non riuscite a smettere di pensare.

Per diventare consapevoli dell'Essere avete bisogno di recuperare la consapevolezza dalla mente. Questo è uno dei compiti essenziali del vostro viaggio spirituale. In tal modo si libereranno vaste quantità di consapevolezza che precedentemente erano intrappolate nel pensiero inutile e compulsivo. Un modo assai efficace di farlo è semplicemente distogliere

l'attenzione dal pensiero e indirizzarla verso il corpo, dove l'Essere può essere sentito in primo luogo come campo energetico invisibile che dà vita a ciò che voi percepite come corpo fisico.

ENTRARE IN CONNESSIONE CON IL CORPO INTERIORE

Per favore provatelo adesso. Per questa pratica può essere utile chiudere gli occhi. Più avanti, quando «essere nel corpo» sarà diventato naturale e facile, non sarà più necessario.

RIVOLGETE LA VOSTRA ATTENZIONE ALL'INTER NO DEL CORPO. Sentitelo da dentro. È vivo? C'è vita nelle vostre mani, nelle braccia, nelle gambe, nei piedi, nell'addome, nel

torace? Riuscite a sentire il sottile campo energetico che pervade l'intero corpo e dona vita vibrante a ogni organo, aognicellula? Riuscite a senti do contemporaneamente in tutte le parti del corpo come unico campo di energia? Continuate a concentrarvi per qualche istante sulla percezione del corpo interiore.
Non cominciate a pensarci. Senti tela ..

Più attenzione le date, più questa sensazione sarà chiara e forte. Si sentirà come se ogni cellula diventasse più viva, e se avete un forte senso visivo, potrete avere un'immagine del vostro corpo come diventasse luminoso. Anche se questa immagine vi può temporaneamente aiutare, prestate più attenzione alla percezione che a qualsiasi immagine possa sorgere. Un'immagine, non importa quanto bella o potente, è già definita in una forma, e quindi ha meno possibilità di penetrare più in profondità.

ENTRARE IN PROFONDITÀ NEL CORPO
Per entrare ancora più profondamente nel corpo, pro- / va te la seguente meditazione.
Saranno sufficienti da dieci a quindici minuti.

PER PRIMA COSA ASSICURATEVI DI NON AVERE DISTRAZIONI
DALL'ESTERNO come telefonate o persone che vi possano interrompere. Sedetevi su una sedia, ma non appoggiatevi all'indietro.
Tenete la spina dorsale eretta. Questo vi aiuterà a stare vigili. In alternativa, scegliete la vostra posizione favorita per la meditazione.

Assicuratevi di avere il corpo rilassato. Fate qualche respiro profondo.
Chiudete gli occhi. Percepite voi stessi respirare profondamente in basso, nell' addome. Osservate come si espande e si contrae leggermente con ogni respiro che entra e che esce.

Quindi diventate consapevoli dell'intero campo energetico del vostro
corpo. Non pensateci, sentitelo. Facendo questo, voi recuperate la consapevolezza dalla mente. Se vi sembra utile, usate la visualizzazione della «luce» che ho descritto in precedenza.
Quando percepite chiaramente il corpo interiore come un singolo campo
di energia, lasciate andare, se possibile, ogni immagine visuale e concentratevi esclusivamente sulla sensazione; se potete, lasciate andare qualsiasi immagine mentale possiate avere del corpo fisico.
Tutto ciò che rimane allora, è un onnicomprensivo senso di presenza o
di «essenza», e il corpo interiore è percepito senza alcun limite.
Portate la vostra attenzione ancora più profondamente in questa sensazione. Diventate uno con essa. Fondetevi con il campo energetico, cosicché non esista più quello che percepite come dualità dell' osservatore e dell' osservato, di voi e del vostro corpo.
Anche la distinzione tra il dentro e il fuori ora si dissolve, cosicché non vi è più il corpo interiore. Andando profondamente nel corpo, avete trasceso il corpo.
State in questo regno di puro Essere fino a quando vi sentite a vostro agio; poi diventate consapevoli nuovamente del corpo fisico, del vostro respiro e dei sensi fisici, e aprite gli occhi.

Guardate intorno quello che vi circonda per qualche minuto in modo meditativo, che vuol dire senza etichettare nulla, e, mentre fate questo, continuate a sentire il corpo interiore.

Accedere a questo regno senza forma è veramente liberatorio. Vi libera dai limiti della forma e della identificazione con la forma. Potete chiamarlo il Non Manifestato, la Sorgente invisibile di tutte le cose, l'Essere che è dentro tutte le cose. È un regno di profonda quiete e pace, ma anche di gioia e di intensa vitalità. Ogniqualvolta siete presenti, diventate «trasparenti» in qualche modo alla luce, la pura consapevolezza che emana da questa Fonte. Voi realizzate anche che la luce non è separata da chi voi siete, ma che costituisce la vostra vera essenza ..
Quando la vostra consapevolezza è diretta all' esterno, sorgono la mente e il mondo.
Quando è diretta verso l'interno, realizza la sua propria Fonte e ritorna a casa nel Non Manifestato.
Quindi, quando la vostra consapevolezza ritorna al mondo manifestato, riassumete la forma-identità che avevate lasciato temporaneamente. Avete un nome, un passato, una situazione di vita, un futuro. Ma in un aspetto essenziale, non siete più la stessa persona che eravate prima.
Voi avete intravisto una realtà dentro voi stessi che non è «di questo mondo», anche se non è separato da questo, proprio come non è separato da voi.
Ora, che la vostra pratica spirituale sia questa:
NELLA VITA DI TUTTI I GIORNI, non date il cento per cento della vostra attenzione al mondo esteriore e alla vostra mente. Tenetevene un po' dentro.
Sentite il corpo interiore quando svolgete le attività quotidiane, specialmente quando siete coinvolti in relazioni o quando vi relazionate alla natura. Sentite la quiete profondamente dentro di voi.

Mantenete aperto il portale.
È del tutto possibile essere consapevoli del Non Manifestato
nella vostra vita. Lo sentite come un profondo senso di pace
da qualche parte, in sottofondo, una quiete che non vi lascia
mai, non importa quello che avviene qui fuori. Voi diventate un
ponte tra il Non Manifestato e il manifestato, tra Dio e il
mondo.
Questo è lo stato di connessione con la Fonte che chiamiamo
illuminazione.

AVERE RADICI PROFONDE INTERIORMENTE
La chiave è di essere in uno stato di connessione permanente
con il vostro corpo interiore, di sentirlo tutto il tempo.
Ciò vi farà rapidamente approfondire e trasformare la vostra
vita. Più consapevolezza dirigete all'interno del vostro corpo
interiore, più la sua frequenza vibrazionale si innalza, proprio
come cresce la luce quando la accendete con l'interruttore
graduato in modo da aumentare il flusso di elettricità. A questo
livello di energia più alta, la negatività non può più avere
effetto su di voi, e voi tendete ad attrarre circostanze nuove
che riflettono questa frequenza più alta.
Se mantenete la vostra attenzione nel corpo il più possibile,
sarete ancorati nell'Adesso.
Non perderete voi stessi nel mondo esterno, e non perderete
voi stessi nella vostra mente. Pensieri ed emozioni, paure e
desideri in qualche . misura ci saranno ancora, ma non vi
travolgeranno più.

PER FAVORE VERIFICATE DOVE È LA VOSTRA
ATTENZIONE in questo momento. Voi mi state ascoltando, o
state leggendo queste parole in un libro. Questo è il punto
focale della vostra attenzione. Ed ancora siete anche

generalmente consapevoli di quello che vi circonda, delle altre persone e così via. Inoltre, ci può essere qualche attività mentale, che riguarda ciò che state ascoltando o leggendo, qualche commento mentale.

Tuttavia non è necessario che nessuna di queste cose assorba tutta la vostra attenzione. Vedete se, allo stesso tempo, potete essere in contatto con il vostro corpo interiore. Mantenete una parte della vostra attenzione all'interno. Non lascia tela fluire tutta all'esterno.

Percepite tutto il vostro corpo dall'interno, come un singolo campo di energia. È quasi come se steste ascoltando o leggendo con tutto il vostro corpo. Fate di ciò la vostra pratica nei giorni e nelle settimane a venire.

Non date tutta la vostra attenzione alla mente e al mondo esterno. TI che significa di concentrarvi soprattutto su quello che state facendo, ma, allo stesso tempo, ogni volta che è possibile percepite il vostro corpo interiore. State radicati all'interno. Quindi osservate come ciò cambia il vostro stato di consapevolezza e la qualità di quello che state facendo.

Per favore, non limitatevi ad accettare o a rifiutare quello che sto dicendo.

Sperimentatelo.

RAFFORZARE IL SISTEMA IMMUNITARIO

Vi è una meditazione di auto-guarigione semplice ma potente che potete fare quando sentite la necessità di stimolare il vostro sistema immunitario.

È particolarmente efficace se usata quando sentite i primi sintomi di una malattia, ma funziona anche con le malattie già consolidate se la usate a intervalli frequenti e con intensa focalizzazione. Inoltre controbilancerà ogni perturbazione del vostro campo energetico causata da qualche forma di negatività.

Non è però un sostituto della pratica costante di essere nel corpo; altrimenti il suo effetto sarà solo temporaneo. Eccola qui.

QUANDO SI È SENZA NIENTE DA FARE PER QUALCHE MINUTO, e specialmente come ultima cosa di sera prima di addormentarsi e come prima cosa di mattina prima di alzarsi, potete «inondare» di consapevolezza il vostro corpo. Chiudete gli occhi. State distesi sulla schiena. Scegliete all'inizio parti diverse del corpo su cui focalizzare brevemente la vostra attenzione: mani, piedi, braccia, gambe, addome, torace, testa, eccetera. Percepite nel modo più intenso possibile l'energia vitale dentro tali parti. Soffermatevi su ciascuna parte per una quindicina di secondi circa .. Quindi lasciate scorrere più volte la vostra attenzione attraverso il corpo come un'onda, dai piedi alla testa e ritorno. Questo richiede appena un minuto circa. Dopo di che percepite il corpo interiore nella sua totalità, come unico campo di energia. Sostenete questa sensazione per qualche minuto.
Dovete essere intensamente presenti durante questo periodo, presenti in ogni cellula del corpo.
Non preoccupatevi se la mente di quando in quando riesce ad attirare la vostra attenzione fuori dal corpo e voi vi perdete in qualche pensiero. Non appena notate che è successo, riportate semplicemente la vostra attenzione verso il corpo interiore.

USO CREATIVO DELLA MENTE

Se avete bisogno di usare la mente per uno scopo specifico, usa tela in congiunzione con il corpo interiore. Soltanto se siete in grado di essere consapevoli senza pensiero possiamo usare la mente in maniera creativa, e la via più facile per entrare in tale stato è attraverso il corpo.

OGNIQUALVOLTA È NECESSARIA
UNA RISPOSTA, UNA SOLUZIONE, O UN'IDEA CREATIVA, smettete per un attimo di pensare e focalizzate l'attenzione sul vostro campo energetico interiore. Diventate consapevoli della quiete. Quando riprenderete a pensare, il pensiero sarà fresco e creativo. In qualunque attività del pensiero, abituatevi a passare ripetutamente a distanza pressappoco di qualche minuto, dal pensiero a una forma interiore di ascolto, a una quiete interiore.
Potremmo dire: non pensate soltanto con la testa, pensate con l'intero corpo.

LASCIARE CHE IL RESPIRO VI CONDUCA DENTRO IL CORPO

Se in qualunque momento trovate difficile entrare in contatto con il corpo interiore, di solito è più facile focalizzarvi prima sulla respirazione. La respirazione consapevole, che è una meditazione potente di per sé, vi metterà in contatto a poco a poco con il corpo.

SEGUITE IL RESPIRO CON LA VOSTRA ATTENZIONE
mentre entra ed esce dal corpo. Respirate nel corpo, e sentite l'addome espandersi e contrarsi leggermente con ogni inalazione ed ogni esalazione.
Se avete facilità nel visualizzare, chiudete gli occhi e vedetevi circondati dalla luce o immersi in una sostanza luminosa, in un mare di consapevolezza. Quindi respirate in tale luce. Sentite questa sostanza luminosa colmarvi il corpo e renderlo a sua volta luminoso.

Quindi gradualmente concentratevi di più sulla sensazione. Non aggrappatevi ad alcuna immagine visiva. Adesso siete nel vostro corpo. Avete accesso al potere di Adesso.

PARTE SECONDALE RELAZIONI COME PRATICA
SPIRITUALE

L'amore è uno stato dell'Essere.
Il vostro amore non è al di fuori, è profondamente dentro di
voi.
Non lo potete mai perdere e non può lasciarvi mai.
Non dipende da qualche altro corpo) da qualche forma
esterna.

6. DISSOLVERE IL CORPO DI DOLORE

La maggior parte del dolore umano non è necessario. Lo
create voi stessi fintantoché la mente non consapevole dirige
la vostra vita. Il dolore che create nel presente, nasce sempre
da. una qualche forma di non accettazione, da qualche forma
di resistenza inconsapevole a ciò che è. Al livello del pensiero,
la resistenza è una qualche forma di giudizio. Sul piano
emozionale, è una qualche forma di .negatività. L'intensità del
dolore dipende dal grado di resistenza al momento presente e
questa, a sua volta, dipende da quanto sia intensa la vostra
identificazione con la mente. La mente cerca sempre di
negare il Presente e di sfuggirlo.
In altre parole: quanto più vi identificate con la mente, tanto
più soffrite. O si può dire in un altro modo: quanto più siete
capaci di onorare e di accettare il Presente, tanto più liberi
siete dal dolore e dalla sofferenza, e liberi dalla mente egoica.
Qualche insegnamento spirituale afferma che ogni dolore è
fondamentalmente una
illusione, e questo è vero. li punto è: questo è vero per voi? Un
semplice credo non lo rende vero. Volete sperimentare dolore
per il resto della vostra vita e continuare a dire che è una
illusione? Questo vi libera dal dolore? Ciò di cui ci

preoccupiamo qui è come possiate arrivare a questa verità: questo è renderla reale nella vostra propria esperienza.

Il dolore è inevitabile fino a che siete identificati con la . mente, che è come dire fino a che siete inconsapevoli, spiritualmente parlando. Sto parlando ora innanzi tutto del dolore emozionale, che è poi la causa principale della sofferenza fisica e della malattia fisica.

Risentimento, odio, auto-compassione, colpa, rabbia, depressione, gelosia e così via, perfino la più piccola irritazione sono tutte forme di dolore. Ed ogni piacere ed ogni stato emotivamente alto, contiene in sé il seme del dolore: il suo opposto inseparabile, che si manifesterà nel tempo. Chiunque abbia preso droghe per essere «su di giri» saprà che questo su di giri, inevitabilmente si trasformerà in un essere giù, che il piacere si trasforma in una qualche forma di dolore. Molte persone sanno anche per esperienza personale, quanto sia facile che una relazione intima si trasformi da fonte di piacere a fonte di dolore. Guardandolo da una prospettiva più alta, entrambe le polarità, la positiva e la negativa, sono facce della stessa moneta, sono parte del dolore che sta sotto e che è inseparabile dallo stato di coscienza di una mente identificata con l'ego.

Vi sono due livelli di dolore: il dolore che create ora e quello del passato che vive ancora nella vostra mente e nel vostro corpo.

Fino a che non siete capaci di accedere al potere dell' Adesso, ogni dolore emozionale che sperimentate, lascia dietro di sé un residuo di dolore che continua a vivere in voi. Si mescola con il dolore del passato, che era già lì, e alloggia nel corpo e nella mente.

Questo ovviamente include il dolore che avete vissuto da piccoli, causato dalla inconsapevolezza del mondo nel quale siete nati.

Questo dolore accumulato è un campo energetico negativo
che occupa il vostro corpo e la vostra mente. Se lo guardate
come una identità invisibile a sé stante andrete abbastanza
vicini alla verità. È il corpo del dolore emozionale.
Il corpo di dolore ha due modalità di essere:. latente ed attivo.
Può essere in uno stato latente per il 90% del tempo. Tuttavia,
in una persona profondamente infelice, può essere attivo fino
al 100% del tempo. Alcune persone vivono quasi
completamente nel loro corpo di dolore, mentre altre possono
sperimentarlo solamente in certe situazioni, come nelle
relazioni intime, oppure in situazioni legate ad abbandoni o
perdite del passato, ferite emozionali o fisiche e così via.
Qualunque cosa può risvegliarlo, specialmente se risuona con
uno schema di sofferenza del vostro passato. Quando è
pronto per risvegliarsi dal suo stato latente, perfino un
pensiero o un innocente osservazione fatta da qualcuno che vi
è vicino lo può attivare.

ROMPERE L'IDENTIFICAZIONE CON IL CORPO DI
DOLORE IL CORPO DI DOLORE NON VUOLE ESSERE
OSSERVATO DIRETTAMENTE ed essere visto per quello
che è. Nel momento in cui osservate il corpo di dolore, sentite
in voi il suo campo energetico e vi portate la vostra attenzione,
l'identificazione si rompe.
Giunge una dimensione di consapevolezza più alta. Io la
chiamo
Presenza. Ora voi siete i testimoni o gli osservatori del corpo
di dolore. Questo significa che non può usarvi più fingendo di
essere voi stessi, che non può più nutrirsi grazie a voi. Voi
avete trovato la vostra forza interiore più profonda.
Alcuni corpi di dolore sono pestiferi ma relativamente innocui,
per esempio come un bambino che non vuol smettere di
piagnucolare.

Altri sono mostri dannosi e distruttivi, veri demoni. Alcuni sono fisicamente violenti; molti altri sono emotivamente violenti. Qualche corpo di dolore attaccherà le persone intorno a voi o vicino a voi, mentre altri attaccheranno voi: il loro stesso ospite. Allora i pensieri ed i sentimenti che avete sulla vita diventano profondamente negativi ed autodistruttivi. Malattie ed incidenti vengono spesso creati in questo modo. Alcuni corpi di dolore trascinano i loro ospiti al suicidio.

Quando credete di conoscere una persona e d'improvviso venite confrontati per la prima volta con questa creatura aliena e maligna, potete ricevere un vero shock. È comunque più importante osservarla in voi stessi che negli altri.

STATE ATTENTI ALL'APPARIRE IN VOI DI OGNI SEGNO DI INFELICITÀ, in una qualunque forma: può trattarsi del risveglio del corpo di dolore. Può prendere la forma d'irritazione, impazienza, uno stato d'animo oscuro, un desiderio di ferire, rabbia, furia, depressione, un bisogno di avere un po' di dramma nella vostra relazione, e così via. Afferratelo nel momento in cui si risveglia dal suo stato latente.

Il corpo di dolore vuole sopravvivere, proprio come qualunque altra entità esistente. E può sopravvivere solamente se inconsciamente vi identificate con lui. Può allora venir su, possedervi, «diventare voi», e vivere attraverso di voi.

Ha bisogno di nutrirsi attraverso di voi. E si nutrirà di ogni esperienza che risuoni del suo proprio tipo di energia, qualunque cosa crei nuovo dolore sotto qualunque forma: rabbia, distruttività, odio, lutto, dramma emozionale, violenza e persino malattia. Così il corpo di dolore, quando vi ha posseduto, creerà nella vostra vita una situazione che riflette la sua propria frequenza energetica, perché se ne possa nutrire. Il dolore può solo nutrirsi di dolore. Il dolore non può nutrirsi di gioia: la trova veramente indigesta.

Una volta che il corpo di dolore vi ha posseduto, volete ancora più dolore. Diventate una vittima o un persecutore. Volete causare sofferenza o soffrire dolore o entrambi. Non vi è realmente una grande differenza fra i due. Ed ovviamente non ne siete consapevoli, ed affermate con veemenza di non volere soffrire. Ma se osservate attentamente, vedrete che il vostro pensiero ed il vostro comportamento, sono fatti apposta per mantenere il dolore. Per voi stessi e per gli altri. Se voi ne foste veramente consapevoli, lo schema si dissolverebbe, poiché volere ancora più dolore è follia, e nessuno è consapevolmente folle.

Il corpo di dolore, che è l'ombra oscura proiettata dall'ego, è in realtà spaventato dalla luce della vostra consapevolezza. È spaventato di essere scoperto. La sua sopravvivenza dipende dalla vostra inconscia identificazione, così come dalla vostra inconscia paura di guardare in faccia il dolore che vive in voi. Ma se non lo guardate in faccia, se non portate la luce della vostra coscienza nel dolore, sarete costretti a riviverlo ancora ed ancora.

Il corpo di dolore può apparirvi come un mostro pericoloso che non potete neanche osare di guardare, ma io vi assicuro che è un fantasma inconsistente che non può avere la meglio sul potere della vostra presenza.

QUANDO DIVENTATE L'OSSERVATORE e cominciate a disidentificarvi, il corpo di dolore continuerà ad operare per un po' e cercherà di ingannarvi per farvi di nuovo identificare. Ma sebbene voi non gli stiate più dando energia attraverso la vostra identificazione, ha una certa forza di inerzia, proprio come una trottola, che continuerà a girare per un po' anche quando non riceve più nessuna spinta. A questo punto, può anche creare acciacchi o dolori fisici in diverse parti del corpo, ma non dureranno.

Rimanete presenti, rimanete consapevoli. Siate il guardiano, sempre vigile, del vostro spazio interiore. Avete bisogno di essere abbastanza presenti da guardare direttamente il corpo di dolore e da sentire la sua energia. Allora questo non può controllare il vostro pensiero.

Il momento in cui il vostro pensiero è allineato con il campo energetico del corpo di dolore, allora siete identifica ti con questo e lo state nutrendo di nuovo con i vostri pensieri. Per esempio, se la rabbia è la vibrazione energetica predominante del corpo di dolore e il vostro pensiero è di rabbia, pensando a quello che qualcuno vi ha fatto e a quello che gli fareste voi, allora siete diventati inconsapevoli, ed il corpo di dolore è diventato «voi». Quando vi è rabbia, al di sotto vi è sempre dolore.

O quando si attiva uno stato d'animo oscuro, e voi entrate in uno schema mentale negativo e pensate a quanto terribile è la vostra vita, il vostro pensiero si è allineato con il corpo di dolore e siete diventati inconsapevoli e vulnerabili all' attacco del corpo di dolore.

Inconsapevole nel modo in cui io sto usando ora questo termine, significa essere identificato con un qualche schema mentale o emozionale. Implica una completa assenza dell'osservatore.

TRASMUTARE LA SOFFERENZA IN CONSAPEVOLEZZA

Un'attenzione consapevolmente sostenuta taglia i legami fra il corpo di dolore ed i vostri processi mentali e porta avanti il processo di trasmutazione. È come se il dolere divenisse il combustibile per il fuoco della vostra consapevolezza, che, come risultato, arde ora di un fuoco più brillante.

Questo è il senso esoterico dell' antica arte dell' alchimia: la trasmutazione del metallo di base in oro, della sofferenza in consapevolezza. La divisione interiore è sanata e voi

diventate di nuovo integri. Ed allora la vostra responsabilità è
non creare nuovo dolore.

FOCALIZZATE L'ATTENZIONE NEL SENTIRE INTERIORE.
Sappiate che è il corpo di dolore. Accettate che sia lì. Non
pensateci, non lasciate che il sentire diventi pensiero. Non
giudicate né analizzate. Non fatene una vostra identità. State
presenti, e continuate ad essere l'osservatore di ciò che sta
accadendo in voi.
Diventate consapevoli non solo del dolore emozionale ma
anche di colui che osserva, dell' osservatore silenzioso.
Questo è il potere dell'Adesso, il potere della vostra stessa
presenza consapevole. E poi guardate cosa accade.

L'IDENTIFICAZIONE DELL'EGO CON IL CORPO DI
DOLORE

Il processo che ho appena descritto è profondamente potente
e tuttavia semplice.
Potrebbe essere spiegato ad un bambino e magari un giorno
potrebbe essere una delle prime cose che i bambini imparano
a scuola. Una volta che avete capito il principio base
dell'essere presente come osservatore di ciò che sta
accadendo dentro di voi e lo comprendete perché lo
sperimentate - allora avete a vostra disposizione il più potente
strumento di trasformazione.
Questo non per negare che potreste incontrare un'intensa
resistenza interiore nel disidentificarvi dal vostro dolore. Ciò
potrà avvenire per esempio nel caso in cui abbiate vissuto
profondamente identificati con il vostro corpo di dolore
emozionale per la maggior parte della vostra vita, e tutto o una
gran parte del vostro senso del sé è derivata da questo. Ciò
che questo significa è che dal vostro corpo di dolore avete

creato un sé infelice e che credete che questa immagine fittizia, creata dalla mente, sia chi siete voi. In questo caso, la paura inconsapevole di perdere la vostra identità creerà una forte resistenza a qualsiasi disidentificazione. In altre parole, voi preferirete soffrire - essere il corpo di dolore - piuttosto che fare un salto nell'ignoto e rischiare di perdere il familiare sé infelice.

OSSERVATE IN VOI LA RESISTENZA

Osservate l'attaccamento al vostro dolore. Siate molto vigili. Osservate il peculiare piacere che vi viene dall'essere infelici. Osservate la compulsione che avete a parlarne o a pensarci. La resistenza smetterà se ne siete consapevoli. Ed allora potete portare la vostra attenzione nel corpo di dolore, essere presenti come testimoni e così iniziare la sua trasmutazione. Solo voi potete farlo. Nessuno può farlo per voi. Ma se siete abbastanza fortunati da trovare qualcuno che sia intensamente consapevole, se potete stare con loro e stare insieme in uno stato di presenza, quello può essere d'aiuto e accelererà le cose. In questo modo la vostra luce crescerà rapidamente e sarà più forte.
Quando un pezzo di legno che ha solo iniziato a bruciare viene messo vicino ad un altro che brucia intensamente, e dopo un po' vengono separati di nuovo, il primo pezzo brucerà con un'intensità maggiore. Dopo tutto è lo stesso fuoco.
Essere quel fuoco è una delle funzioni del maestro spirituale. Alcuni terapisti possono anche essere capaci di avere quella funzione, a patto che siano andati al di là del piano mentale e che possano creare e sostenere uno stato di intensa presenza consapevole, mentre stanno lavorando con voi ..
La prima cosa da ricordare è questa: fino a che trarrete una vostra identità dal dolore, non potete liberarvene. Fino a che una parte del vostro senso del sé è identificata con il vostro

dolore emozionale, voi inconsapevolmente resisterete o saboterete ogni tentativo che fate di sanare il dolore.

Perché? Molto semplice, perché volete mantenere voi stessi intatti, ed il dolore è diventato una parte essenziale di voi. Questo è un processo inconsapevole, e il solo modo di superarlo è renderlo consapevole.

IL POTERE DELLA VOSTRA PRESENZA IL VEDERE IMPROVVISAMENTE che siete o siete stati attaccati al vostro dolore, può essere una scoperta piuttosto scioccante. Il momento che ve ne rendete conto, avete spezzato l'attaccamento.

Il corpo di dolore è un campo energetico, quasi come un' entità, che si è temporaneamente istallata nel vostro spazio interiore. È energia vitale che è rimasta intrappolata, energia che non sta fluendo più.

Ovviamente il corpo di dolore è lì perché sono accadute in passato certe cose. È il passato che vive in voi e se vi identificate con quello, vi identificate con il passato.

L'identità di vittima è credere che il passato è più potente del presente, che è l'opposto della verità. È il credere che altre persone, e ciò che vi hanno fatto, siano responsabili per chi voi siete ora, per la vostra sofferenza emozionale, o per la vostra incapacità di essere chi siete veramente.

La verità è che il solo potere che c'è, è contenuto in questo momento: è il potere della vostra presenza. Quando sapete questo, sapete anche che ora siete responsabili per il vostro spazio interiore - nessun altro lo è - e che il passato non può prevalere sul potere dell' Adesso.

L'inconsapevolezza lo crea; la consapevolezza lo trasmuta in se stessa. San Paolo ha espresso molto bene questo principio universale: «Ogni cosa si mostra quando esposta alla luce, e qualunque cosa esposta alla luce diviene essa stessa luce». Proprio come non potete lottare con il buio, non potete lottare con il corpo di dolore.

Tentare di farlo creerebbe un conflitto interiore e quindi nuovo dolore. Osservarlo è sufficiente. Osservarlo implica accettarlo come parte di ciò che è in questo momento.

7. DALLE RELAZIONI DIPENDENTI ALLE RELAZIONI ILLUMINATE RELAZIONI DI AMORE-ODIO

A meno che e fin tanto che non accediamo alla frequenza di consapevolezza della presenza, tutte le relazioni umane, e in particolare le relazioni intime, saranno profondamente imperfette e in definitiva disfunzionali.

Potranno sembrare perfette per un po', come quando siamo innamorati, ma

invariabilmente questa apparente perfezione verrà sconvolta quando avranno luogo, con frequenza crescente, litigi, conflitti, insoddisfazioni e violenze emozionali o perfino fisiche.

Sembra che la maggiore parte dei rapporti d'amore diventi di amore-odio entro breve tempo. L'amore può allora in un batter d'occhio trasformarsi in attacchi selvaggi, sentimenti di ostilità o in una completa rinuncia all' affetto. Questo è considerato normale.

Se nella vostra relazione sperimentate entrambi sia l'amore che l'opposto dell' amore attacco, violenza emozionale e così via - allora è come se steste confondendo l'attaccamento dell'ego, un legame dipendente, con l'amore. Non potete amare il vostro compagno o compagna in un momento ed attaccare lui o lei nel momento successivo. Il vero amore non

ha opposto. Se il vostro amore ha un opposto, allora non è amore, ma
un'intensa necessità egoica per un più completo e più profondo senso del sé, una necessità con la quale l'altro temporaneamente coincide. È il sostituto dell' ego per la salvezza, e per un breve periodo sembra essere una salvezza.

Ma ecco arrivare il momento in cui il vostro partner si comporta in modo tale da non soddisfare le vostre necessità, o meglio quelle del vostro ego. Sentimenti di paura, di dolore e di mancanza che sono una parte intrinseca della consapevolezza egoica, ma che sono stati coperti dalla relazione d'amore, ora riaffiorano.

Così come con qualunque altra dipendenza siete su di giri quando la droga è disponibile, ma inevitabilmente arriva il momento in cui la droga non vi fa più effetto.

Quando quei sentimenti dolorosi riappaiono, li sentite più intensamente di prima, ed ancora di più, ora percepite il vostro partner come la causa di quei sentimenti. Questo significa che voi li proiettate fuori e che attaccate l'altro con tutta la selvaggia violenza che è parte del vostro dolore.

Questo attacco può risvegliare il dolore del partner e lui o lei può contro-attaccare. A questo punto l'ego sta ancora inconsapevolmente sperando che il suo attacco o i suoi tentativi di manipolazione, saranno un castigo sufficiente a indurre il vostro partner a cambiare il suo comportamento, così che possa ritornare ad usarlo come copertura per il vostro dolore.

Ogni dipendenza nasce da un rifiuto inconsapevole di affrontare e di attraversare il vostro proprio dolore. Ogni dipendenza comincia nel dolore e finisce con dolore.

Qualunque sia la sostanza dalla quale dipendete - alcool, cibo, droga legale o illegale, o una persona state usando qualcosa o qualcuno per coprire il vostro dolore.

Questo è il motivo per cui, dopo che l'euforia iniziale è passata, vi è così tanta infelicità, così tanto dolore nelle relazioni intime. Non sono queste a causare dolore ed infelicità.

Sono queste che portano fuori il dolore e l'infelicità che è già in voi. Ogni dipendenza lo fa. Ogni dipendenza arriva al punto in cui non vi funziona più, ed allora sentite il dolore più intensamente che mai.

Questa è una ragione per cui molte persone stanno sempre tentando di sfuggire il momento presente cercando una qualche salvezza nel futuro. La prima cosa che possono incontrare se focalizzano la loro attenzione nell'Adesso è il loro dolore, e questo è ciò che essi temono. Se loro soltanto sapessero quanto è facile accedere nell' Adesso, al potere della Presenza, che dissolve il passato ed il suo dolore, la realtà che dissolve l'illusione! Se solo sapessero quanto sono vicini alla loro stessa realtà, quanto sono vicini a Dio!

Anche evitare le relazioni nel tentativo di evitare il dolore, non è la risposta. Il dolore è lì comunque. Tre relazioni fallite in un certo numero di anni sono una spinta più intensa a risvegliarvi di quanto lo siano tre anni passati in un'isola deserta o rinchiusi nella vostra stanza. Ma se potete portare una intensa presenza nella vostra solitudine, anche questo può funzionare.

DALLE RELAZIONI DIPENDENTI ALLE RELAZIONI ILLUMINATE SIA CHE STIATE VIVENDO DA SOLI O CON UN PARTNER, questa è la chiave: siate presenti ed intensificate la vostra presenza mantenendo la vostra attenzione ancora più profondamente nell' Adesso.

Perché fiorisca l'amore, la luce della vostra presenza ha bisogno di essere abbastanza intensa da non essere più

catturata da colui che pensa o dal corpo di dolore e
confondere questi con chi siete voi.

Conoscere voi stessi come l'Essere, al di là di colui che
pensa, la quiete al di sotto del rumore mentale, l'amore e la
gioia al di sotto del dolore, è la libertà, la salvezza,
l'illuminazione.

Disidentificarsi dal corpo di dolore è portare la presenza nel
dolore e trasmutarlo.

Disidentificarsi dal pensiero è essere l'osservatore silenzioso
dei vostri pensieri e comportamenti, specialmente degli
schemi ripetitivi della mente e dei ruoli che gioca l'ego.

Se smettete di sostenere l'identità, la mente perde la sua
qualità compulsiva, che fondamentalmente è la compulsione a
giudicare, e quindi a resistere a ciò che è, il che crea conflitto,
dramma, e nuovo dolore. Infatti il momento in cui il giudizio si
ferma, grazie all' accettazione di ciò che è, siete liberi dalla
mente. Avete fatto spazio per l'amore, la gioia, la pace.

PER PRIMA COSA SMETTETE DI GIUDICARE VOI STESSI;
e quindi smettete di giudicare il vostro partner. Il più grande
catalizzatore per il cambiamento in una relazione è
l'accettazione completa del vostro partner, come lui o lei è,
senza necessità di giudicarlo o di cambiarli in nessun modo.
Questo vi porta subito oltre l'ego. Tutti i giochi della mente e
tutti gli attaccamenti dipendenti sono superati. Non vi sono più
né vittime né persecutori, non VI sono accusati o accusatori.
Questa è anche la fine di ogni co-dipendenza, di essere
attirato nello schema inconscio di qualcun altro impedendo
così che possa continuare. Vi separerete - in uno stato
d'amore - o vi muoverete anche più profondamente insieme
nell'Adesso, nell'Essere. Può essere così semplice? Sì, è così
semplice.

L'amore è uno stato dell'Essere. Il vostro amore non è al di fuori, è profondamente dentro di voi. Non dipende da qualche altro corpo, da qualche forma esterna.

NELLA QUIETE DELLA VOSTRA PRESENZA, potete sentire la vostra vera realtà senza forma e senza tempo come la vita non manifestata che anima la vostra forma fisica. Ed allora potete sentire la stessa vita profondamente dentro ogni altro essere umano ed ogni altra creatura. Guardate al di là del velo della forma e della separazione.
Questa è la realizzazione dell'unità. Questo è l'amore.
Anche se sono possibili brevi barlumi, l'amore non può fiorire a meno che non siate permanentemente liberi dall'identificazione con la mente, e la vostra presenza sia sufficientemente intensa da aver dissolto il corpo di dolore, o per lo meno da rimanere presenti come osservatori. Il corpo di dolore allora non può avere la meglio su di voi distruggendo così l'amore.

LE RELAZIONI COME PRATICA SPIRITUALE

Poiché gli esseri umani si identificano sempre di più con la propria mente, le relazioni per la maggior parte non sono radicate nell'Essere e per questo si trasformano in una fonte di dolore e finiscono per essere dominate da problemi e conflitti. Se le relazioni danno energia incrementando gli schemi della mente egoica, attivando il corpo di dolore, come fanno in questo momento, perché non accettare questo fatto invece che tentare di sfuggirlo? Perché non cooperare invece di evitare le relazioni o di continuare con il fantasma di un partner ideale come risposta ai vostri problemi o ad un senso di completamento?

Dal riconoscimento e dall' accettazione dei fatti viene anche un grado di libertà.

Per esempio quando sapete che vi è disarmonia e state in quel sapere, grazie a questo vostro sapere arriva un nuovo fattore e la disarmonia non può restare immutata.

QUANDO SAPETE CHE NON SIETE IN PACE, il vostro saperlo crea uno spazio di quiete che circonda la vostra non-pace in un affettuoso e tenero abbraccio e così trasmuta la vostra nonpace In pace.

Per quanto riguarda la trasformazione interiore, non vi è nulla che possiate fare. Non potete trasformare voi stessi e certamente non potete trasformare il vostro partner o chiunque altro. Tutto quello che potete fare è creare uno spazio perché la trasformazione avvenga, perché vi entrino l'amore e la grazia.

Allora quando la vostra relazione non funziona, quando fa emergere la pazzia in voi e nel vostro partner, siatene felici. Ciò che era inconsapevole viene portato alla luce. È un' opportunità per la salvezza.

IN OGNI MOMENTO MANTENETE IL SAPERE DI QUEL MOMENTO, in particolare del vostro stato interiore. Se vi è rabbia sappiate che c'è rabbia. Se vi è gelosia, difesa, impulso a litigare, mbisogno di aver ragione, un bambino interiore che esige amore ed attenzione, o dolore emozionale di qualunque tipo; qualunque cosa sia, sappiate la realtà di quel momento e mantenete questo sapere.

La relazione allora diventa il vostro sadhana, la vostra pratica spirituale. Se osservate un comportamento inconsapevole nel partner, mantenete quel comportamento nell'abbraccio affettuoso del vostro sapere, in modo da non reagire. Inconsapevolezza e sapere non possono coesistere a lungo, nemmeno se il sapere è soltanto nell' altra persona e non in quella che sta agendo dall'inconsapevolezza. La forma energetica che sta dietro l'ostilità e l'attacco trova assolutamente intollerabile la presenza dell'amore. Se reagite in qualunque modo all' inconsapevolezza del vostro partner, divenite anche voi inconsapevoli. Ma se invece ricordate di sapere la vostra reazione, nulla è perduto.

Mai prima d'ora le relazioni sono state così problematiche e conflittuali come lo sono adesso. Come probabilmente avete notato, non sono fatte per rendervi felici o per completarvi. Se continuate a cercare la salvezza nelle relazioni, ne sarete delusi ancora ed ancora. Ma se accettate che la relazione sia qui per rendervi consapevoli invece che felici, allora la relazione vi offrirà la salvezza, e voi allineerete voi stessi con la consapevolezza più alta che vuole venire alla luce in questo mondo.

Per coloro che si afferrano ai vecchi schemi, vi sarà un aumento di sofferenza, di violenza, di confusione e di follia. Quante persone ci vogliono per trasformare la vostra vita in pratica spirituale? Non importa se il partner non vuole collaborare. L'essere sani, la consapevolezza, può venire al mondo solo attraverso di voi. Non dovete aspettare che il mondo rinsavisca, o che qualcun altro diventi consapevole, prima di potere essere illuminati, potreste aspettare all'infinito. Non accusatevi reciprocamente di essere inconsapevoli. Nel momento in cui cominciate a litigare, vi siete identificati con una posizione mentale ed ora difendete non soltanto tale posizione ma anche il vostro senso del sé. l'ego è al potere. Siete diventati inconsapevoli. A volte può essere opportuno sottolineare certi aspetti del comportamento della persona amata. Se siete molto vigili, molto presenti, potete farlo senza coinvolgimento dell'ego, senza biasimare, accusare o far sentire l'altra persona sbagliata.

Quando la persona amata si comporta in maniera inconsapevole, rinunciate ad ogni giudizio. Il giudizio significa confondere il comportamento inconsapevole di qualcuno con chi veramente è, o proiettare la vostra propria inconsapevolezza sull' altra persona e scambiare ciò per quello che lei è veramente.

Rinunciare al giudizio non significa che non riconoscete la disfunzione e

l'inconsapevolezza quando le vedete. Significa «essere il sapere» anziché «essere la reazione» e il giudice. Allora sarete totalmente liberi dalla reazione oppure reagirete, pur conservando il sapere, lo spazio in cui la reazione viene osservata e lasciata essere.

Invece di combattere il buio vi portate la luce. Invece di reagire all'illusione, vedete

l'illusione ma, allo stesso tempo, vedete al di là di essa.

Essere il sapere crea uno spazio libero di presenza amorevole che consente a tutte le cose o persone di essere come sono. Non esiste un più grande catalizzatore della trasformazione. Se mettete in pratica tutto questo, la persona amata non potrà stare con voi ed allo stesso tempo rimanere inconsapevole. Se entrambi siete d'accordo che la relazione sarà la vostra pratica spirituale, tanto meglio. Potrete allora esprimervi reciprocamente pensieri e sentimenti non appena si presentano o non appena interviene una reazione, per cui non creiamo un intervallo temporale in cui possa inasprirsi o crescere un'emozione e una lamentela inespresse o non riconosciute.

IMPARATE AD ESPRIMERE ciò che provate senza biasimo. Imparate ad ascoltare la persona amata in maniera aperta e non difensiva. Date spazio al vostro partner di esprimersi. Siate presenti.

Accusare, difendere, attaccare: tutti questi scherni che sono creati per rafforzare o proteggere l'ego o per soddisfarne le esigenze, diverranno allora superflui. Lasciare spazio agli altri e a se stessi è vitale.

L'amore non può fiorire senza spazio.

Quando avete eliminato i due fattori che distruggono le relazioni, quando cioè il corpo di dolore è stato trasmutato e voi non vi identificate più con la mente e con le posizioni mentali, e se il partner ha fatto la stessa cosa, avrete esperienza della beatitudine del fiorire della relazione. Invece di riflettervi reciprocamente il dolore e l'inconsapevolezza, invece di soddisfare le esigenze dell' ego reciprocamente dipendenti, vi rifletterete l'un l'altro l'amore che provate in profondità dentro di voi, l'amore che accompagna la realizzazione dell'unione con tutto ciò che è.

Questo è l'amore che non ha contrario.

Se il partner è ancora identificato con la mente ed il corpo di dolore, mentre voi siete già liberi, questo rappresenterà una sfida importante, non per voi ma per il partner. Non è facile vivere con una persona illuminata, o meglio è così facile che l'ego lo trova estremamente minaccioso.

Ricordate che l'ego ha bisogno di problemi, conflitti e nemici per rafforzare il senso di separatezza da cui dipende la sua identità. La mente del partner non illuminato si sentirà profondamente frustrata perché le sue posizioni prefissate non incontrano resistenza, il che significa che diventeranno traballanti e deboli, e vi è perfino il pericolo che crollino del tutto, con la conseguenza della perdita del sé.

li corpo di dolore esige un riscontro e non lo ottiene. Il bisogno di litigi, drammi e conflitti non viene soddisfatto.

RINUNCIATE ALLA RELAZIONE CON VOI STESSI

Illuminati o no, sia che siate uomini o donne, a livello della vostra identità di forma non siete completi. Siete metà del tutto. Questa incompletezza è avvertita come attrazione maschio-femmina, il richiamo verso la polarità energetica opposta, indipendentemente da quanto siete consapevoli. Ma in quello stato di connessione interiore, si avverte questa attrazione da qùalche parte in superficie o alla periferia della vita.

Questo non significa che voi non entriate in relazione profonda con altre persone o con il compagno o la compagna. In effetti potete entrare in relazione profonda soltanto se siete consapevoli dell'Essere. Venendo dall'Essere, siete in grado di focalizzarvi al di là del velo della forma. Nell'Essere, maschio e femmina sono uno. La nostra forma potrà continuare ad avere certe necessità, ma l'Essere non ne ha nessuna. È già completo ed integro. Se queste necessità vengono soddisfatte è bellissimo, ma che vengano soddisfatte o no, non fa differenza per il nostro stato interiore profondo. Così è perfettamente possibile che una persona illuminata, quando la necessità della polarità maschile o femminile non viene soddisfatta, avverta un senso di mancanza o di incompletezza a livello esteriore del proprio essere, ma allo stesso tempo sia totalmente completa, appagata ed in pace interiormente.

Se non potete essere a vostro agio con voi stessi quando siete soli, cercherete una relazione per coprire il vostro malessere. Allora potete star certi che il malessere riapparirà sotto qualche altra forma nella relazione e probabilmente ne farete responsabile il partner.

TUTTO CIÒ DI CUI AVETE VERAMENTE BISOGNO È DI ACCETTARE PIENAMENTE QUESTO MOMENTO. State allora bene nel qui ed ora e a vostro agio con voi stessi.
Ma avete veramente bisogno di una relazione con voi stessi?
Perché non potete semplicemente essere voi stessi? Quando avete una relazione con voi stessi, dividete voi stessi in due:

Io e Me stesso, soggetto ed oggetto. Questa dualità creata dalla mente è la causa fondamentale di ogni inutile complessità, di tutti i vostri problemi e conflitti della vostra vita. Nello stato di illuminazione siete voi stessi, tu e te stesso fusi in uno. Non giudicate voi stessi, non vi compiangete, non siate orgogliosi di voi stessi, non amate voi stessi, non odiate voi stessi e così via. La separazione causata da una consapevolezza autoriflessiva è sanata, la sua maledizione cancellata. Non vi è più un sé che avete bisogno di proteggere, difendere o nutrire.

Quando siete illuminati vi è una relazione che non avete più: la relazione con voi stessi.

Una volta che avete rinunciato a questa, tutte le altre relazioni saranno relazioni d'amore.

PARTE TERZA

L'ACCETTAZIONE E L'ARRENDERSI

Quando vi arrendete a ciò che è e per questo diventate
totalmente presenti,
il passato smette di avere qualsiasi potere.
Il regno dell'Essere, che era stato oscurato dalla mente, allora
si schiude.
E d' improvviso una grande quiete si Fa spazio in te, un senso
di pace al di là della comprensione.
Ed in quella pace) vi è una gran gioia.
Ed in quella gioia vi è amore.
E nel più profondo nucleo vi è il sacro,
l'incommensurabile, Quello che non può essere nominato.

8. L'ACCETTAZIONE DELL'ADESSO
L'IMPERMANENZA E I CICLI DELLA VITA

Vi sono cicli di successo, quando le cose vi arrivano e
prosperano e cicli di fallimento, quando le cose sfioriscono o si
disintegrano, e dovete lasciarle andare per fare spazio perché
le cose nuove nascano, o perché accada la trasformazione.
Se in quel momento vi afferrate e resistete, questo significa
che state rifiutando di andare con il flusso della vita e ne
soffrirete. Perché vi sia una nuova crescita è necessaria la
dissoluzione. Un ciclo non può esistere senza l'altro.
Il ciclo negativo è assolutamente necessario per la
realizzazione spirituale. Dovete aver fallito totalmente a
qualche livello o aver sperimentato qualche profondo dolore o
perdita per essere attirato nella dimensione spirituale. Oppure
può darsi che il vostro gran successo diventi vuoto e senza
senso e diventi così un fallimento.

Il fallimento è contenuto in ogni successo così come il successo lo è in ogni fallimento.

In questo mondo che è come dire a livello della forma, ognuno fallisce prima o poi, ed alla fine ogni realizzazione finisce nel nulla. Ogni forma è impermanente.

Potete comunque agire e godere nel manifestare e creare nuove forme e situazioni, ma non sarete identificati con queste. Non ne avete bisogno per ottenere un senso del sé. Non sono la vostra vita, sono solamente la vostra situazione di vita.

Un ciclo può avere una durata variabile, da qualche ora a qualche anno. Vi sono cicli lunghi e cicli brevi all'interno di quelli lunghi. Si creano molte malattie lottando contro i cicli di bassa energia che invece sono vitali per rigenerarsi. La compulsione a fare e la tendenza a trame il senso di un sé meritevole e di una identità dipendente da fattori esterni, così come l' ottenimento di qualcosa, è una illusione inevitabile fino a che siete identificati con la mente.

Questo vi rende difficile o impossibile accettare i cicli di bassa energia e permettere che siano come sono. Allora, l'intelligenza dell'organismo può, come misura di autoprotezione, creare una malattia per costringervi a fermarvi, così che abbia luogo la necessaria rigenerazione.

Fino a che una condizione viene giudicata dalla mente come «buona», sia che si tratti di una relazione, di qualcosa che possedete, di un ruolo sociale, di un luogo o del vostro corpo fisico, la mente vi si attacca e vi si identifica. Facendovi sentire felice, facendovi sentire bene e può diventare parte di chi siete o di chi pensate di essere.

Ma nulla dura in questa dimensione nella quale la ruggine e le tarme consumano tutto.

Può terminare, può cambiare o può andare alla polarità opposta: la stessa condizione che ieri oppure l'anno scorso

andava bene, improvvisamente o gradualmente non va più
bene. La stessa condizione che vi rendeva felici in un secondo
tempo vi rende infelici. La prosperità di oggi diviene il vuoto
consumismo di domani. Le nozze e la luna di miele felici
diventano il divorzio o l'infelice convivenza Oppure una certa
condizione scompare, così la sua mancanza vi rende infelici.
Quando una condizione o una situazione a cui la mente si è
attaccata identificandosi cambia o scompare, la mente non lo
può accettare.
Si afferrerà alla condizione che non c'è più, resistendo il
cambiamento. È quasi come se vi avessero tolto un pezzo del
vostro corpo.
Questo significa che la vostra felicità e la vostra infelicità sono
in effetti una sola cosa.
Solamente l'illusione del tempo le separa.

NON OFFRIRE RESISTENZA ALLA VITA è essere in uno
stato di grazia, che è facile e leggero. Questo stato non
dipende più dal fatto che le cose siano o non siano in un certo
modo, che vadano bene oppure no.
Sembra quasi paradossale che quando la vostra dipendenza
interiore dalla forma si è dissolta, le condizioni generali della
vostra vita, le forme esterne, tendono a migliorare
incredibilmente.
Cose, persone oppure condizioni delle quali pensavate di aver
bisogno per essere felici, ora vi arrivano senza nessuno sforzo
e senza nessuna lotta da parte vostra, e voi siete liberi di
apprezzarle e di goderle fino a che durano.
Naturalmente, tutte queste cose scompariranno comunque: i
cicli cominceranno e finiranno, ma non vi sarà più paura di
perdere, perché la dipendenza è scomparsa. E la vita fluirà
facilmente.
La felicità che ha origine da cause secondarie, non è mai
molto profonda. È solamente un pallido riflesso della gioia

dell'Essere, della pace vibrante che trovate in voi, quando entrate in uno stato di non resistenza. L'Essere vi porta oltre la polarità degli opposti della mente liberandovi dalla dipendenza della forma. Anche se ogni cosa dovesse distruggersi e se tutto dovesse crollare intorno a voi, sentireste comunque interiormente
un profondo senso di pace. Può darsi che non sarete felici ma sarete in pace.

USARE E LASCIARE ANDARE LA NEGATIVITÀ

Ogni resistenza interiore in una forma o in un' altra viene vissuta come negatività. Ogni negatività è resistenza. In questo contesto, i due mondi sono quasi sinonimi.
La negatività va dall'irritazione o dall'impazienza ad una rabbia furiosa, da uno stato d'animo depresso o di cocciuto risentimento ad una disperazione suicida. A volte la resistenza scatena il corpo di dolore emozionale, nel qual caso anche una situazione relativamente poco importante può produrre un'intensa negatività, come per esempio rabbia, depressione o una profonda pena.
L'ego crede di poter manipolare la realtà ed ottenere ciò che vuole usando la negatività.
Crede così di poter attrarre una condizione desiderabile oppure cancellarne una indesiderabile.
Se «voi» -la mente - non foste convinti che l'infelicità funziona, perché allora la creereste?
Il fatto è, naturalmente, che la negatività non funziona. Invece di attrarre una situazione desiderabile, le impedisce di manifestarsi. Invece di cancellarne una indesiderabile, la mantiene. La sua unica funzione «utile» è quella di rendere l'ego più forte. Ed è per questo che piace all' ego.

Una volta che vi siete identificati con una qualche forma di negatività, non volete mollarla e ad un livello profondamente inconscio, non volete un cambiamento positivo. Minaccerebbe la vostra identità di persona depressa, arrabbiata o difficile. E quindi nella vostra vita, ignorerete, negherete o saboterete il positivo. Questo è un fenomeno comune. Ed è anche una pazzia.

OSSERVATE LE PIANTE O GLI ANIMALI E LASCIATE CHE VI INSEGNINO l'accettazione di ciò che è, la resa all'Adesso. Lasciate che vi insegnino l'Essere.
Lasciate che vi insegnino l'integrità, che significa essere uno, essere te stesso, essere reale. Lasciate che vi insegnino come vivere e come morire, e come non fare del vivere e del morire un problema.
Le emozioni negative ricorrenti a volte contengono un messaggio, come le malattie. Ma ogni vostro cambiamento, sia che abbia a che vedere con il vostro lavoro o con le vostre relazioni o con il vostro ambiente, è alla fin fine una finzione, fino a che non nascano da un cambiamento del vostro livello di consapevolezza. E per quanto riguarda questo, può solo significare una cosa: diventare più presente. Quando avete raggiunto un certo grado di presenza, non vi occorre più avere della negatività che vi dica di cosa avete bisogno nella vostra situazione di vita.
Ma fino a quando vi è negatività, usatela. Usatela come un segnale che vi ricordi di essere più presente.

OGNI VOLTA CHE SENTITE CRESCERE IN VOI LA NEGATIVITÀ, causata da un fattore esterno, da un pensiero o da nulla di cui siate particolarmente consapevoli, guardatela come una voce che vi dice:
«Attenzione. Qui e Ora. Risvegliati. Esci dalla tua mente. Sii presente».

Persino l'irritazione più lieve ha senso ed ha bisogno di essere riconosciuta ed osservata, altrimenti vi sarà un aumento cumulativo di reazioni inconsapevoli.

Non appena vi rendete conto di non volere quel campo energetico dentro di voi e di come questo non sia di nessuna utilità, allora potete essere capaci di lasciarlo cadere. Ma assicuratevi di averlo lasciato cadere completamente. Se non potete farlo, allora accettate che ci sia e portate la vostra attenzione nelle sensazioni.

COME ALTERNATIVA, PER LASCIAR CADERE UNA REAZIONE NEGATIVA, potete farla scomparire immaginando di diventare trasparenti al fatto esterno che ha causato la reazione.

Vi raccomando di praticare questo dapprima con cose banali e senza importanza.

Diciamo per esempio che siete seduti tranquillamente a casa vostra. E all'improvviso, dall'altra parte della strada, arriva il suono penetrante di un' allarme di automobile. Si attiva l'irritazione. Qual è il proposito dell'irritazione? Nessuno. Perché l'avete creata? Voi non lo avete fatto. La mente lo ha fatto. È stato totalmente automatico, totalmente inconsapevole.

Perché la mente lo ha creato? Perché mantiene inconsapevolmente la credenza che la sua resistenza, che voi vivete come negatività o come una certa forma d'infelicità, dissolverà in un qualche modo la condizione indesiderata. Questa, naturalmente, è un'illusione.

La resistenza che crea, in questo caso l'irritazione o la rabbia, è molto più fastidiosa della causa originaria che sta cercando di dissolvere.

Tutto questo può essere trasformato in una pratica spirituale.

SENTITEVI DIVENTARE TRASPARENTI, per così dire,
senza la solidità di un corpo materiale. Ora lasciate che il
rumore o qualunque cosa sta causando la reazione negativa,
passi attraverso di voi. Non urta più contro una parete solida
dentro di voi.

Come vi ho detto, praticate prima con cose piccole.
L'allarme dell'auto, l'abbaiare di un cane, le grida dei bambini,
il rumore del traffico.

Invece di una parete di resistenza dentro di voi, che viene
costantemente e dolorosamente colpita da cose che «non
dovrebbero accadere», lasciate che ogni cosa passi
attraverso di voi.

Qualcuno vi dice qualcosa di brusco o per ferirvi.

Invece di entrare in una reazione inconsapevole e negativa,
come attaccare o difendere, vi ritirate e la lasciate proprio
passare attraverso di voi. Non offrite resistenza. È come se
non ci fosse più nessuno lì id essere ferito. Questo è il
perdono. In questo modo diventate invulnerabili.

Potete comunque anche dire a quella persona che il suo
comportamento è inaccettabile, se questo è quello che
scegliete di fare. Ma quella persona non ha più il potere di
controllare il vostro stato interiore. E così non siete in potere di
qualcun altro ma avete il potere; non siete controllati dalla
vostra mente. Sia che si tratti dell' allarme di un' auto, di una
persona maleducata, di una alluvione, di un terremoto, o della
perdita di ogni vostro bene: il meccanismo di resistenza è lo
stesso.

Voi state ancora cercando all' esterno, e non potete smettere
di avere l'abitudine a cercare. Magari nel prossimo seminario
avrete la risposta, magari con la prossima tecnica. Vorrei dirvi:
NON CERCATE LA PACE. Non cercate nessun altro stato
che quello nel quale siete ora; altrimenti metterete in piedi un
conflitto interiore ed una resistenza inconscia.

Perdonate voi stessi per non essere in pace. Il momento in cui accettate completamente il vostro non essere in pace, la vostra non pace viene trasmutata in pace. Qualunque cosa accettiate completamente vi porterà lì, vi porterà nella pace. Questo è il miracolo dell' arrendersi. Quando accettate ciò che è, ogni momento è il miglior momento. Questa è l'illuminazione.

LA NATURA DELLA COMPASSIONE

QUANDO ANDATE OLTRE GLI OPPOSTI CREATI DALLA MENTE, diventate come un lago profondo.
La situazione esterna della vostra vita, qualunque cosa vi accade, è la superficie del lago. Alcune volte calma, altre volte ventosa e increspata, secondo i cicli e le stagioni. Ma in profondità il lago è, comunque, sempre indisturbato. Voi siete tutto il lago, non soltanto la superficie, e siete in contatto con la vostra propria profondità, che rimane completamente tranquilla.
Non resistete al cambiamento afferrandovi mentalmente ad ogni situazione. La vostra pace interiore non dipende da questo. Voi dimorate nell'Essere - immutato, senza tempo, senza fine e non dipendete più dalla realizzazione o dalla felicità che proviene dalle forme costantemente fluttuanti del mondo esterno. Potete godere o giocare con quelle, creare nuove forme, apprezzare la bellezza di tutto questo. Ma non vi sarà nessuna necessità di attaccarvi a nessuna di quelle.
Fintantoché siete inconsapevoli dell'Essere, la realtà degli altri esseri umani vi sfuggirà, perché non avete trovato la vostra. Alla vostra mente piacerà o dispiacerà la loro forma, che non è solamente il loro corpo ma che include anche la loro mente. Una vera relazione diviene possibile quando vi è consapevolezza dell'Essere.

Venendo dall'Essere, percepirete il corpo e la mente dell' altra persona solamente come uno schermo, al di là del quale potete sentire la loro vera realtà, come sentite la vostra. Così che quando siete di fronte alla sofferenza o al comportamento inconsapevole di qualcun altro, starete presenti e in contatto con l'Essere, e perciò capaci di guardare al di là della forma, sentendo l'Essere radiante e puro dell' altra persona attraverso il vostro.

Sul piano dell'Essere, ogni sofferenza viene riconosciuta come un'illusione. La sofferenza è dovuta all'identificazione con la forma. Grazie a questa realizzazione, a volte accadono miracoli di guarigione, per il risvegliarsi della consapevolezza dell'Essere negli altri, se sono pronti.

La compassione è la consapevolezza del profondo legame fra voi e tutte le creature. La prossima volta che dite: «Non ho nulla in comune con questa persona», ricordatevi che avete parecchio in comune: da qui a qualche anno, due anni o settanta non fanno molta differenza entrambi sarete diventati corpi in decomposizione, e poi mucchietti di cenere, e poi niente del tutto. Questa è una comprensione pura, semplice ed umile che lascia poco spazio all'orgoglio.

È un pensiero negativo? No, è un fatto. Perché chiude- senza fine e non dipendete più dalla realizzazione o dalla felicità che proviene dalle forme costantemente fluttuanti del mondo esterno. Potete godere o giocare con quelle, creare nuove forme, apprezzare la bellezza di tutto questo. Ma non vi sarà nessuna necessità di attaccarvi a nessuna di quelle.

Fintantoché siete inconsapevoli dell'Essere, la realtà degli altri esseri umani vi sfuggirà, perché non avete trovato la vostra. Alla vostra mente piacerà o dispiacerà la loro forma, che non è solamente il loro corpo ma che include anche la loro mente. Una vera relazione diviene possibile quando vi è consapevolezza dell'Essere.

Venendo dall'Essere, percepirete il corpo e la mente dell' altra persona solamente come uno schermo, al di là del quale potete sentire la loro vera realtà, come sentite la vostra. Così che quando siete di fronte alla sofferenza o al comportamento inconsapevole di qualcun altro, starete presenti e in contatto con l'Essere, e perciò capaci di guardare al di là della forma, sentendo l'Essere radiante e puro dell' altra persona attraverso il vostro.

Sul piano dell'Essere, ogni sofferenza viene riconosciuta come un'illusione. La sofferenza è dovuta all'identificazione con la forma. Grazie a questa realizzazione, a volte accadono miracoli di guarigione, per il risvegliarsi della consapevolezza dell'Essere negli altri, se sono pronti.

La compassione è la consapevolezza del profondo legame fra voi e tutte le creature. La prossima volta che dite: «Non ho nulla in comune con questa persona», ricordatevi che avete parecchio in comune: da qui a qualche anno, - due anni o settanta non fanno molta differenza entrambi sarete diventati corpi in decomposizione, e poi mucchietti di cenere, e poi niente del tutto. Questa è una comprensione pura, semplice ed umile che lascia poco spazio all'orgoglio.

È un pensiero negativo? No, è un fatto. Perché chiude- re gli occhi davanti a ciò? In questo senso vi è una totale uguaglianza fra voi ed ogni altra creatura.

UNA DELLE PRATICHE SPIRITUALI PIÙ POTENTI è quella di meditare profondamente sulla mortalità della forma fisica, includendo la vostra. Viene chiamata: morire prima di morire. Entratevi dentro profondamente. La vostra forma fisica si dissolve, non è più. Allora arriva il momento in cui anche ogni forma mentale o pensiero muore.

Anche se voi siete ancora lì: la presenza divina che siete. Radiante, totalmente risvegliata.

Nessuna cosa reale è mai morta, solamente nomi, forme e illusioni.

A questo profondo livello, la compassione diventa una guarigione nel senso più ampio. In questo stato, la vostra influenza guaritrice è fondamentalmente basata non sul fare ma sull'essere. Ogni persona con la quale venite in contatto sarà toccata dalla vostra presenza ed influenzata dalla pace che voi emanate, sia che ne sia consapevole o meno.

Quando siete totalmente presenti e coloro che sono intorno a voi hanno un

comportamento inconsapevole, non sentirete la necessità di reagire a quel comportamento e quindi non lo renderete reale. La vostra pace è così vasta e profonda che qualunque cosa che non sia pace vi scompare dentro, come se non fosse mai esistita. Questo spezza il ciclo karmico di azione e reazione. Animali, alberi, fiori, sentiranno la vostra pace e risponderanno. Insegnate attraverso l'essere, attraverso il mostrare la pace di Dio.

Diventare la «luce del mondo», una emanazione di consapevolezza pura, e così eliminerete la sofferenza a livello della causa. Eliminate dal mondo l'inconsapevolezza.

LA SAGGEZZA DELL'ARRENDERSI

È la qualità della vostra consapevolezza di questo momento a costituire il principale fattore determinante del tipo di futuro che vi aspetta, per cui l'arrendersi è la cosa più importante che potete fare per portare un cambiamento positivo. Qualunque azione intraprendiate è secondaria. Nessuna reazione realmente positiva può nascere da uno stato di consapevolezza privo di abbandono.

Per alcune persone l'abbandono può avere connotazioni negative, che implicano la sconfitta, la rinuncia, il non essere all' altezza delle sfide della vita, l'apatia e così via. Ma invece il vero abbandono è qualcosa di profondamente diverso. Non significa sopportare passivamente la situazione in cui ci si trova e non fare niente in proposito. Né significa smettere di fare progetti o di dare inizio ad azioni positive.

L'ABBANDONO È LA SAGGEZZA SEMPLICE ma profonda di lasciarsi andare invece di opporsi al flusso della vita. L'unico luogo in cui potete sperimentare il flusso della vita è l'Adesso, così abbandono è accettazione incondizionata e senza riserve del momento presente.

È abbandonare la resistenza interiore a ciò che è.

La resistenza interiore è dire di «no» a ciò che è, con il giudizio mentale e la negatività emozionale. Diventa particolarmente evidente quando le cose <<vanno storte», vale a dire quando vi è un divario fra le richieste o le rigide aspettative della vostra mente e ciò che è. Questo è il divario del dolore.

Se avete vissuto abbastanza a lungo, saprete che le cose «vanno storte» piuttosto spesso. Ed è proprio in quei momenti che è necessario praticare l'abbandono se volete eliminare la sofferenza ed il dolore dalla vostra vita. L'accettazione di ciò che è, vi libera

immediatamente dall'identificazione con la mente e così vi ricollega all'Essere. La resistenza è la mente.

L'abbandono è un fenomeno puramente interiore. Non significa che non possiamo, sul piano esterno, intraprendere azioni e modificare situazioni.

Infatti non è la situazione complessiva che bisogna accettare quando vi arrendete, ma soltanto quel piccolo segmento chiamato l'Adesso. Per esempio, se siete impantanati nel fango da qualche parte, non dite: «Va bene, mi rassegno ad essere impantanato nel fango». La rassegnazione non è arrendersi.

NON È NECESSARIO ACCETTARE UNA SITUAZIONE DI VITA SPIACEVOLE O INDESIDERABILE.

Non è necessario neppure ingannare voi stessi dicendovi che non vi è nulla di sbagliato in quella situazione. Riconoscete veramente che volete venirne fuori. E poi limitate la vostra attenzione al momento presente senza etichettarla mentalmente in alcun modo.
Questo significa che non vi è giudizio dell'Adesso. E non vi è neppure resistenza e neppure negatività emozionale.
Accettate l'essenza di questo momento.
E poi intraprendete un' azione e fate di tutto per venir fuori dalla situazione.
Questa azione io la chiamo azione positiva. È molto più efficace dell' azione negativa, che nasce dalla rabbia, dalla disperazione o dalla frustrazione. Fino a che non ottenete il risultato desiderato, continuate a praticare l'arrendervi, trattenendovi dall' etichettare l'Adesso.
Lasciate che vi faccia un' analogia visiva per illustrarvi il punto di ciò che dico. State percorrendo un sentiero di notte, circondati da una spessa nebbia. Ma avete una potente lampadina tascabile che taglia la nebbia aprendo, davanti a voi, uno piccolo spazio chiaro. La nebbia è la vostra situazione di vita che include il passato ed il futuro; la lampadina

tascabile è la vostra presenza consapevole; lo spazio chiaro è l'Adesso.

Non arrendersi rinforza la vostra forma psicologica, il guscio dell' ego, e questo crea un profondo senso di separatezza. Il mondo intorno a voi, ed in particolare la gente, viene percepito come una minaccia. Cresce la compulsione inconsapevole a distruggere gli altri con il giudizio, così come la necessità di competere e di dominare. Perfino la natura diventa vostra nemica e le percezioni e le interpretazioni sono guidate dalla paura. La malattia mentale che chiamiamo paranoia, è solo una forma leggermente più acuta di questo stato di coscienza, normale ma disfunzionale.

Non solo la vostra forma psicologica ma anche quella fisica - il vostro corpo diventa, sotto l'effetto della resistenza, duro e rigido. La tensione aumenta nelle varie parti del corpo e tutto il corpo si contrae. E una grande restrizione blocca il libero flusso dell'energia vitale nel corpo, essenziale per il suo funzionamento e per la sua salute.

Il lavoro sul corpo e certe forme di terapie fisiche, possono essere d'aiuto per restaurare questo flusso, ma fino a che non praticate l'abbandono nella vita di tutti i giorni, quelle possono solo darvi sintomi di sollievo temporaneo fino al momento in cui la causa -lo schema di resistenza - non è stata dissolta.

Vi è qualcosa dentro di voi che non viene mai toccata dalle circostanze che vanno e vengono, che costituiscono la vostra situazione di vita. E solamente grazie all' abbandono vi avete accesso. È la vostra vita, il vostro vero Essere, che esiste eternamente nel regno senza tempo del presente.

SE TROVATE INSODDISFACENTE O PERFINO INTOLLERABILE

LA VOSTRA SITUAZIONE DI VITA, è solamente arrendendovi come prima cosa, che potete spezzare lo schema di resistenza inconsapevole che perpetua quella situazione.

Abbandonarsi è perfettamente compatibile con l'agire, con l'iniziare un cambiamento o raggiungere un obiettivo. Ma nello stato di abbandono, una energia completamente diversa, una qualità differente, fluisce nel vostro fare. L'abbandono vi riunisce alla fonte energetica dell'Essere, se il vostro fare è imbevuto dall'Essere, divenendo una celebrazione gioiosa di energia vitale che vi porta ancora più profondamente nell' Adesso.

Non resistendo, la qualità della vostra consapevolezza e comunque la qualità di qualunque cosa state facendo o creando, aumenta senza limiti. I risultati si mostreranno da sé, riflettendone la qualità. Potremmo chiamarla "d'azione dell'abbandono".

NELLO STATO DELL'ABBANDONO vedete molto chiaramente ciò che va fatto e lo fate, facendo una cosa per volta e focalizzandovi su una cosa per volta.

Imparate dalla natura: osservate come ogni cosa viene completata e come si svolge il miracolo della natura senza insoddisfazioni o infelicità.

Ecco perché Gesù ha detto: «Guardate i gigli dei campi, come crescono, non tessono e non faticano».

SE LA VOSTRA SITUAZIONE È INSODDISFACENTE o spiacevole, separate questo istante ed arrendetevi a ciò che è. Questa è la lampadina tascabile che fende la nebbia Allora il vostro stato di consapevolezza smette di essere controllato dalle condizioni esterne.

E voi non provenite più dalla reazione e dalla resistenza. Guardate la specificità della situazione.

Domandatevi: «Vi è nulla che io possa fare per cambiare la situazione, per migliorarla oppure uscirne?».
E se è così, allora intraprendete le azioni opportune.
Non focalizzatevi sulle cento cose che avrete o vorrete fare nel futuro ma invece su una cosa che potete fare adesso.
Questo non significa che non farete nessuna programmazione. Può essere che programmare è proprio ciò che potete fare adesso. Ma siate certi di non continuare a farvi film mentali che vi proiettano costantemente nel futuro, perdendo così l'Adesso. Ogni azione che cominciate può non dare i suoi frutti subito. E fino a che non ne dà, non resistete a ciò che c'è.

SE NON VI È NESSUNA AZIONE CHE POTETE INTRAPRENDERE, e non potete neppure uscire dalla situazione, allora usate la situazione per entrare ancora più profondamente nell'arrendervi, più profondamente nell'Adesso, più profondamente nell'Essere.
Quando entrate in questa dimensione senza tempo del presente, spesso il cambiamento arriva in strani modi senza che vi sia da parte vostra la necessità di fare chissà che cosa. La vita vi viene in aiuto e coopera con voi.
Se fattori interiori come paura, colpa o inerzia vi impediscono di intraprendere un'azione, si dissolveranno alla luce della vostra presenza consapevole.
Non confondete l'abbandono con un' attitudine di «nulla può più infastidirmi » o «non m'importa più niente», se la osservate attentamente, noterete che una attitudine come questa è tinta di negatività sotto forma di risentimento nascosto e quindi non è affatto abbandono ma invece è resistenza malcelata.
Quando vi abbandonate, dirigete la vostra attenzione interiormente per controllare se è rimasta dentro una qualche traccia di resistenza. Siate allerta quando lo fate, altrimenti

una sacca di resistenza può continuare a nascondersi in qualche angolo oscuro, sotto forma di pensiero o di emozione non riconosciuta.

DALL'ENERGIA DELLA MENTE ALL'ENERGIA SPIRITUALE COMINCIATE RICONOSCENDO CHE VI È RESISTENZA.

Siate lì quando accade, quando la resistenza sorge. Osservate come la
vostra mente la crea, come questa etichetti la situazione, voi stessi o gli altri. Osservate il processo mentale che vi si accompagna. Sentite l'energia dell' emozione. Essendo testimone della resistenza, vedrete che non ha scopo. Focalizzando tutta la vostra attenzione nell' Adesso, la resistenza inconsapevole diventa consapevole, e quella è la sua fine.
Non potete essere consapevoli ed infelici, consapevoli e negativi. La presenza di negatività, d'infelicità o di sofferenza sotto qualunque forma, significa che vi è resistenza, e la resistenza è sempre inconsapevole.
Scegliereste l'infelicità? Se non l'avete scelta come è venuta su? Qual è il suo scopo? Chi la mantiene viva?
Anche se siete consapevoli dei vostri sentimenti d'infelicità, la verità è che siete identificati con questi e mantenete vivo il processo con il pensare compulsivamente. Tutto questo è inconsapevolezza. Se foste consapevoli, cioè totalmente presenti nell' Adesso, ogni negatività si dissolverebbe quasi istantaneamente. Non potrebbe sopravvivere in vostra presenza. Può sopravvivere solamente in vostra assenza.
Perfino il corpo di dolore non può sopravvivere a lungo nella vostra presenza. Voi mantenete in vita la vostra infelicità dandole tempo. Questo è la sua linfa vitale. Toglietele il tempo con l'intensa consapevolezza del momento presente e morirà.

Ma volete che muoia? Ne avete veramente avuto
abbastanza? Chi sareste senza questa?
Fino a che non praticate l'abbandono, la dimensione spirituale
è qualcosa di cui leggete, di cui parlate, su cui vi
entusiasmate, di cui scrivete libri, su cui pensate, in cui
credete oppure no, secondo i casi. Non fa nessuna differenza.

FINO A CHE NON VI ARRENDETE, la dimensione spirituale
non diventa una realtà della vostra vita.
Quando lo fate, l'energia che emanate e che allora guida la
vostra vita, è un energia di una frequenza vibrazionale molto
più alta di quella mentale che ancora governa il nostro mondo.
Attraverso l'abbandono, l'energia spirituale giunge in questo
mondo.
Non crea sofferenza a voi o ad altri esseri umani, o a nessun l
altra forma di vita sul pianeta.

L'ARRENDERSI NELLE RELAZIONI PERSONALI

È vero che soltanto una persona inconsapevole tenterà di
usare o di manipolare gli altri, ma è ugualmente vero che
solamente una persona inconsapevole si farà usare o
manipolare. Se resistete o lottate contro il comportamento
inconsapevole negli altri, diventate anche voi inconsapevoli.
Ma abbandonarvi non significa che vi lascerete usare da
persone inconsapevoli. Per niente. È perfettamente possibile
dire «no» fermamente e chiaramente alla persona o
allontanarsi dalla situazione, essendo nello stesso tempo in
uno stato di completa nonresistenza interiore.

QUANDO DITE «NO», ad una persona o ad una situazione,
lasciate che venga non da una reazione ma da una

percezione, da una chiara comprensione di ciò che è bene o no per voi in quel momento.

Lasciate che sia un no non reattivo, un no di alta qualità, un no libero da negatività e che per questo non crea ulteriore sofferenza.

Se non potete arrendervi, intraprendete immediatamente un'azione: parlate o fate qualcosa per portare un cambiamento nella situazione oppure andate via. Prendete responsabilità per la vostra vita.

Non inquinate di negatività il vostro bellissimo e radiante Essere interiore e neppure la Terra. Non create nessuna forma di infelicità in nessun luogo nel quale abitate.

SE NON POTETE INTRAPRENDERE UN' AZIONE - se per esempio siete in prigione - vi restano due possibilità: la resistenza o

L'abbandono. Schiavitù o libertà interiore dalle condizioni esterne.

Sofferenza o pace interiore.

Le vostre relazioni verranno profondamente cambiate dall'arrendervi. Se non potete accettare ciò che è, allora non sarete capaci di accettare tutti per quello che sono.

Giudicherete, criticherete, etichetterete, rifiuterete o tenterete di cambiare la gente.

Inoltre, se fate continuamente dell' Adesso un mezzo per arrivare a qualcosa nel futuro, farete la stessa cosa anche con ogni persona che incontrate o con cui vi relazionate. La relazione, la relazione umana, è per voi allora di secondaria importanza, o di nessuna importanza. Ciò che potete ottenere dalla relazione è primario: un guadagno materiale, un senso di potere, un piacere fisico, o una qualche forma di gratificazione dell' ego.

Lasciate che vi mostri come può funzionare l'arrendersi nelle relazioni.

QUANDO VENITE COINVOLTI IN UNA DISCUSSIONE o in qualche situazione conflittuale forse con il partner oppure con qualcuno vicino a voi, cominciate ad osservare come vi mettete sulla difensiva quando viene attaccata la vostra posizione, oppure sentite la forza della vostra aggressività mentre siete voi ad attaccare la posizione dell' altro.
Osservate come vi afferrate ai vostri punti di vista e alle vostre opinioni. Sentite l'energia mentale-emozionale dietro la vostra necessità di aver ragione e di dimostrare che l'altro sbaglia. Quella è l'energia della mente egoica. La rendete consapevole, riconoscendola e sentendola il più possibile.
E finalmente un giorno, nel mezzo di un litigio, all'improvviso vi renderete conto che avete una scelta, e potete decidere di lasciar cadere la vostra reazione, giusto per vedere cosa accade. Vi siete arresi.
Non sto dicendo di smettere di reagire solo verbalmente, dicendo: «Va bene, hai ragione» con una espressione sul viso che dice: «Io sono al di sopra di tutte queste infantili inconsapevolezze ». Questo è solo spostare la resistenza ad un altro livello, mentre la mente egoica è ancora al potere, sentendosi superiore. Sto parlando del lasciar andare l'intero campo energetico mentale-emozionale dentro di voi, che sta lottando per il potere.
L'ego è furbo, per questo dovete essere molto svegli, molto presenti, e completamente onesti con voi stessi per vedere se avete veramente abbandonato la vostra identificazione con la posizione mentale e avete quindi liberato voi stessi dalla vostra mente.

SE D'IMPROVVISO VI SENTITE MOLTO LEGGERI, LUCIDI E VERAMENTE IN PACE quello è un segno inconfondibile che vi siete veramente arresi. Allora osservate ciò che accade alla posizione mentale dell' altro quando voi non continuate a dare energia, resistendo. Quando l'identificazione con la posizione mentale è scomparsa, allora comincia la vera comunicazione.

Non resistere non significa necessariamente non fare nulla. Tutto ciò che significa è che ogni fare diventa non reattivo. Ricordatevi della profonda saggezza che sta dietro la pratica delle arti marziali orientali. Non resistete la forza opponente. Nella resa, il superamento.

Detto questo, il non far nulla, quando siete in uno stato di presenza intensa, è qualcosa di molto potente che trasforma e guarisce situazioni e persone.

È profondamente diverso dall'inattività di un ordinario stato di consapevolezza o piuttosto di inconsapevolezza che nasce dalla paura, dall'inerzia o dall'indecisione. Il vero non fare nulla implica una non-resistenza interiore ed un intenso stato di vigilanza.

D'altra parte, se si richiede una azione, non reagirete più dalla mente condizionata, ma risponderete alla situazione dalla vostra presenza consapevole. In quello stato, la vostra mente è libera da concetti, includendo il concetto della non violenza. E quindi chi può prevedere cosa farete?

L'ego crede che la vostra forza sta nel resistere, ma la resistenza in realtà vi separa dall'Essere, l'unico luogo di vero potere. La resistenza è debolezza ed è paura mascherata da forza. Ciò che l'ego vede come debolezza nell' essere è la sua purezza, l'innocenza ed il potere. Ciò che vede come forza è debolezza. Così l'ego esiste in uno stato di continua resistenza e gioca ruoli ingannevoli per mascherare la vostra debolezza che in realtà è il vostro potere.

Fino a che non c'è l'abbandono, gran parte delle interazioni umane si basano su giochi inconsci di ruoli. Ma nell'abbandono non avete più bisogno delle difese dell'ego e delle false maschere. Divenite molto semplici, molto reali.

«Questo è pericoloso», dice l'ego.

«Sarete feriti. Diventerete vulnerabili.»
Ciò che l'ego non sa, naturalmente, è che solamente
attraverso il lasciare andare la resistenza potete scoprire la
vostra vera ed essenziale invulnerabilità.

9. TRASFORMARE LA MALATTIA E LA SOFFERENZA

TRASFORMARE LA MALATTIA IN ILLUMINAZIONE

Arrendersi è l'accettazione interiore di ciò che è, senza nessuna riserva. Stiamo parlando della vostra vita - di questo istante - non delle condizioni o delle circostanze della vostra vita, non di ciò che io chiamo la situazione della vostra vita. La malattia è parte della vostra situazione di vita. E quindi ha un passato ed un futuro.
Passato e futuro formano come un continuum ininterrotto, fino a quando il potere di redenzione dell' Adesso si attiva grazie alla vostra presenza consapevole. Come sapete, al di sotto delle varie condizioni che compongono la vostra situazione di vita, che esiste nel tempo, vi è qualcosa di più profondo, di più essenziale: la vostra Vita, il vostro vero Essere nell' Adesso senza tempo.
Non essendovi problemi nell'Adesso, non vi è neppure la malattia. Crederlo è una etichetta che qualcuno mette sulle vostre condizioni per mantenerle, dare loro potere e fare di un temporaneo disequilibrio una realtà apparentemente solida. Dandole non solamente realtà e solidità ma anche una continuità nel tempo che non aveva prima.

FOCALIZZANDOSI IN QUESTO ISTANTE ed evitando di etichettarlo mentalmente, la malattia si riduce ad uno o a più di uno di questi fattori: dolore fisico, debolezza, disagio o invalidità. Questo è ciò a cui vi arrendete, ora. Non vi arrendete all'idea di malattia.
Permettete alla sofferenza di spingervi nel momento presente, in uno stato d'intensa presenza consapevole. Usatela per l'illuminazione.

Abbandonarsi non trasforma ciò che è, per lo meno non direttamente. L'abbandonarsi trasforma voi. E quando voi vi trasformate, il vostro intero mondo si trasforma, perché il mondo è solo un riflesso.
La malattia non è il problema. Voi siete il problema fintantoché la mente egoica è in controllo.

NEL CASO IN CUI SIATE MALATI OPPURE INVALIDI, non sentite
che avete in qualche modo fallito, non sentitevi in colpa. Non accusate la vita perché vi tratta ingiustamente, ma non accusate neppure voi stessi. Tutto questo è resistenza.
Se avete una grave malattia, usatela per l'illuminazione. Qualunque cosa brutta succeda nella vostra vita, usatela per l'illuminazione.
Togliete il tempo alla malattia. Non le date nessun passato e nessun futuro. Lasciate che vi spinga dentro la consapevolezza dell'intenso momento presente e guardate che cosa accade.
Diventate un alchimista. Trasmutate il metallo base in oro, la sofferenza in consapevolezza, il disastro in illuminazione.
Siete gravemente ammalati e vi sentite arrabbiati per quello che ho appena detto? Allora questo è un chiaro segno che la malattia è divenuta parte del vostro senso del sé e che state proteggendo non solo la vostra identità, ma anche la malattia stessa.

La condizione che viene etichettata come malattia, non ha niente a che vedere con chi realmente siete.
Ogniqualvolta vi colpisce qualche disastro o qualcosa va veramente male, una malattia, un'invalidità, la perdita della vostra casa oppure della vostra fortuna, oppure quella di una certa identità sociale, la fine di una relazione intima, la morte oppure la sofferenza di una persona cara, o la vostra stessa

morte imminente, sappiate che vi è un altro aspetto, che siete
ad un solo passo da qualcosa di incredibile: una
trasmutazione alchemica completa, del metallo base, del
dolore e della sofferenza, in oro. Questo passo si chiama
arrendersi.
Non intendo dire che sarete felici di una tale situazione. Non lo
sarete. Ma paura e dolore verranno trasmutati in pace
interiore ed in serenità che provengono da un luogo molto
profondo, dal Non Manifestato stesso. È << la pace di Dio che
va al di là di ogni comprensione». Al suo confronto, la felicità è
proprio una cosa superficiale.
Ed insieme a questa radiante pace viene la realizzazione e
non a livello della mente ma dal profondo interiore del vostro
Essere - che siete indistruttibili, immortali. Questa non è una
convinzione. È una certezza assoluta che non ha bisogno di
prove o evidenze esterne.

TRASFORMARE LA SOFFERENZA IN PACE

In certe situazioni estreme, potrebbe ancora essere
impossibile per voi accettare l'Adesso. Ma avrete sempre una
seconda opportunità per arrendervi.

LA VOSTRA PRIMA OPPORTUNITÀ PER L'ABBANDONO è
di arrendersi ogni momento alla realtà del momento. Sapendo
che ciò che è non può essere disfatto - perché è già - dite sì a
ciò che è oppure accettate ciò che non è. Quindi fate tutto
quello che dovete fare, qualsiasi cosa richieda la situazione.
Se dimorate in questo stato di accettazione, non create più
negatività, né sofferenza, né infelicità. E quindi vivete in uno
stato di non resistenza, uno stato di grazia e di leggerezza,
privo di lotta.

Ogniqualvolta siete incapaci di fare ciò, ogniqualvolta perdete quella opportunità (o perché non state generando abbastanza presenza consapevole da impedire che sorga qualche schema abituale ed inconsapevole di resistenza, oppure perché la condizione è così estrema da essere assolutamente inaccettabile) in questo caso state creando qualche forma di dolore, di sofferenza.
Può sembrare che sia la situazione a creare la sofferenza, ma in realtà non è così, è invece la vostra resistenza a crearla.

ORA AVETE LA VOSTRA SECONDA OPPORTUNITÀ DI ABBANDONO. Se non potete accettare quello che vi è all' esterno, accettate quello che vi è all'interno. Se non potete accettare le condizioni esterne, accettate quelle interne. Questo vuol dire: non resistete al dolore. Permettetegli di essere. Arrendetevi alla pena, alla disperazione, alla paura, alla solitudine, a qualsiasi forma del soffrire. Siatene testimoni senza etichettare nulla mentalmente.

Accoglietelo.

E poi guardate come il miracolo dell' arrendersi trasmuta la profonda
sofferenza in profonda pace. Questa è la vostra crocifissione. Lasciate che diventi la vostra resurrezione e la vostra ascensione.
Quando il vostro dolore è profondo, parlare di abbandono può sembrare futile e senza senso. Quando il vostro dolore è profondo, avrete probabilmente un forte impulso a fuggire piuttosto che ad arrendervi. Non volete sentire ciò che sentite. Cosa potrebbe essere più normale? Ma non c'è scappatoia, non c'è via di scampo.
Vi sono molte pseudo vie di fuga, lavoro, alcool, droghe, rabbia,proiezione, soppressione e così via, ma che non vi

liberano dal dolore. La sofferenza non diminuisce di intensità
quando la spingete nell'inconsapevolezza. Quando negate il
dolore emozionale, tutto ciò che fate o che pensate, e perfino
le vostre relazioni, si contaminano.
La trasmettete, per così dire, come energia che emanate e
che gli altri raccoglieranno a livello subliminale.
Se sono inconsapevoli, possono perfino sentirsi spinti ad
attaccarvi o a ferirvi in qualche modo, o voi potete ferire loro,
proiettando inconsapevolmente il vostro dolore.
Attraete e manifestate quello che corrisponde al vostro stato
interiore.

QUANDO NON VI È VIA DI USCITA, VI È COMUNQUE
SEMPRE UN PASSAGGIO.

Quindi non scappate via dal dolore. Guardatelo in faccia.
Sentitelo completamente. Sentitelo ma non pensateci.
Esprimetelo se necessario ma non fatene una storia nella
mente.
Date tutta la vostra attenzione a ciò che sentite, non alla
persona, all'evento o alla situazione che sembra esserne la
causa.
Non permettete che la mente usi il dolore per farne una
identità di vittima.
Auto compiangersi e raccontare agli altri la vostra storia vi
manterrà bloccati nella sofferenza.
Visto che è impossibile sfuggire a ciò che sentite, l'unica
possibilità di cambiamento è di entrarvi; altrimenti, nulla
cambierà.
Così date la vostra completa attenzione a ciò che sentite, ed
evitate di etichettarlo mentalmente. Ed andando dentro la
sensazione, siate intensamente vigili.
Dapprima, può sembrarvi un luogo buio e terrificante, e
quando arriva l'impulso di scappar via, osservatelo ma non

agite di conseguenza. Mantenete l'attenzione sul dolore, continuate a percepire la pena, la paura, il terrore, la solitudine e qualunque cosa ci sia.

State vigili, state presenti, presenti con l'intero vostro Essere, con ogni cellula del vostro corpo. Facendo questo, state portando la luce nell'oscurità. Questa è la fiamma della vostra consapevolezza.

A questo punto non avete bisogno di preoccuparvi più dell'arrendervi. È già accaduto.

Come? Una totale attenzione è totale accettazione, è arrendersi. Il dare totale attenzione è usare il potere di Adesso, che è il potere della vostra presenza.

Nessun residuo nascosto di resistenza può così sopravvivere. La Presenza rimuove il tempo. Senza tempo, sofferenza e negatività non possono sopravvivere.

L'ACCETTAZIONE DELLA SOFFERENZA è un viaggio nella morte. Guardare in faccia un profondo dolore, permettergli di essere, mantenervi la vostra attenzione è entrare consapevolmente nella morte. Quando siete morti di questa morte, vi rendete conto che non vi è morte, e che non vi è nulla di cui aver paura. Solo l'ego muore.

Immaginate un raggio di sole che ha dimenticato di essere parte inseparabile del sole ed inganna se stesso credendo di dover lottare per la sopravvivenza e crea e si afferra ad una identità diversa da quella del sole. La morte di questa illusione, non sarebbe incredibilmente liberatoria?

VOLETE UNA MORTE FACILE?

Vorreste morire senza dolore e senza agonia? Allora morite ad ogni istante, lasciando il passato e permettendo che la luce della vostra presenza spazzi via il pesante sé temporale che avete creduto essere voi stessi.

LA VIA DELLA CROCE: L'ILLUMINAZIONE ATTRAVERSO LA SOFFERENZA

La via della croce è l'antica via verso l'illuminazione e fino a poco tempo fa era l'unica via.

Ma non disprezzatela né sottovalutatene l'efficacia. Funziona ancora.

La via della croce è un capovolgimento completo.

Significa che la cosa peggiore della vostra vita, la vostra croce, si trasforma nella cosa migliore che vi sia mai capitata, costringendovi ad arrendervi, alla morte, costringendovi a diventare nulla, a diventare Dio, perché anche Dio non è nessuna cosa, è nulla.

L'illuminazione attraverso la sofferenza, la via della croce, significa essere costretti ad entrare nel regno dei cieli, scalciando ed urlando. Alla fine vi arrendete perché non potete più sopportare il dolore, ma il dolore può andare avanti per lungo tempo prima che ciò accada.

L'ILLUMINAZIONE SCELTA CONSAPEVOLMENTE, significa rinunciare all'attaccamento al passato ed al futuro e fare dell'Adesso il fulcro prinCipale della vostra vita.

Significa scegliere di dimorare nello stato di presenza, anziché nel tempo.

Significa dire di sì a ciò che è.

Allora non avete più bisogno del dolore.

Quanto tempo pensate ancora di aver bisogno prima di poter dire: «Non creerò più dolore, più sofferenza»?

Di quanto altro dolore avete bisogno prima di compiere questa scelta?

Se pensate di aver bisogno di altro tempo, otterrete altro tempo ed altro dolore. Tempo e dolore sono inseparabili.

IL POTERE DI SCEGLIERE

La scelta implica consapevolezza, un elevato grado di consapevolezza. Senza questa non vi è scelta. La scelta comincia nel momento in cui vi disidentificate dalla mente e dai suoi schemi condizionati, nel momento in cui diventate presenti.
Fino a che non raggiungete questo punto, siete inconsapevoli dal punto di vista spirituale.
Ciò significa che siete obbligati a pensare, sentire ed agire in certi modi a seconda del condizionamento della vostra mente. Nessuno sceglie la disfunzione, il conflitto, il dolore. Nessuno sceglie la follia. Accade perché non vi è abbastanza presenza in voi per dissolvere il passato, non vi è abbastanza luce per disperdere l'oscurità. Non siete completamente qui. Non vi siete ancora risvegliati del tutto. E nel frattempo la mente condizionata sta guidando la vostra vita.
Allo stesso modo, se siete una delle tante persone che hanno qualcosa in sospeso con i loro genitori, se trattenete ancora risentimento per qualcosa che hanno o non hanno fatto, allora voi state ancora credendo che essi avevano una scelta, che avrebbero potuto agire in un modo diverso. Fino a che la vostra mente, con i suoi schemi condizionati, guida la vostra vita, fino a che siete la vostra mente, che scelta avete? Nessuna. Non ci siete neppure. Lo stato di identificazione con la mente è gravemente disfunzionale. È una forma di follia. Quasi tutti stanno soffrendo di questa malattia a vari stadi. Nel momento in cui vi rendete conto di questo, non vi può più essere risentimento. Come si può essere risentiti della

malattia di qualcuno. La sola risposta appropriata è la
compassione.

Se siete guidati dalla mente, non avete scelta, soffrirete le
conseguenze della vostra inconsapevolezza, e creerete
ulteriore sofferenza. Porterete il peso della paura, del conflitto,
dei problemi e del dolore. Perciò la sofferenza creata, alla fine
vi forzerà ad uscire dal vostro stato di inconsapevolezza.

NON POTETE VERAMENTE PERDONARE VOI STESSI, o
gli altri
fino a che traete il senso di chi siete, dal passato. Solamente
avendo accesso al potere di Adesso, che è il vostro proprio
potere, vi può essere un vero perdono. Questo toglie potere al
passato, e così realizzate veramente che niente. di quello che
avete fatto o che vi è stato fatto può toccare, anche
minimamente, l'essenza radiante di chi siete.

Quando vi arrendete a quello che è diventando
completamente presenti, il passato smette di avere alcun
potere. Non ne avete più bisogno. La Presenza è la chiave.
L'Adesso è la chiave.

Poiché la resistenza è inseparabile dalla mente, la rinuncia
alla resistenza, l'abbandono, è la fine del ruolo di maestra
della mente, l'impostore che finge di essere voi, il falso dio.
Ogni giudizio, ogni negatività si dissolvono.

Il regno dell'Essere, che era stato oscurato dalla mente, allora
si schiude.

E d'improvviso una gran quiete si fa spazio in te, un senso di
pace al di là della comprensione.

E in quella pace, vi è una gran gioia.

E in quella gioia vi è amore.

Nel più profondo nucleo vi è il sacro, l'incommensurabile, quello che non può essere nominato.

Un'ultima cosa.....

Se ti è piaciuto questo libro, o lo hai trovato utile, ti sarei molto grato se pubblichi una recensione su Amazon. Il vostro supporto mi aiuta molto, e le vostre critiche mi aiutano a migliorare costantemente per fornire contenuti migliori.

Grazie per il vostro sostegno!

Ringraziamenti

Voglio ringraziare tutti coloro che direttamente o indirettamente hanno contribuito alla creazione di questo libro. A tutti coloro che in diversa misura hanno permesso la mia crescita. Un particolare grazie a Graziella e alla mia compagna Scarleth, un cuore meraviglioso e un anima sensibile protette da qualche spina… e spesso inconsapevole fonte di ispirazione.